双高企业文化
让企业文化简单有效

李祖滨　刘星　刘刚 ◎ 著

DUAL "HIGHLY"
CORPORATE
CULTURE

Keep the culture simple
and effective

机械工业出版社
CHINA MACHINE PRESS

图书在版编目（CIP）数据

双高企业文化：让企业文化简单有效/李祖滨，刘星，刘刚著. —北京：机械工业出版社，2023.11

ISBN 978-7-111-74113-8

Ⅰ.①双… Ⅱ.①李… ②刘… ③刘… Ⅲ.①高技术企业–企业文化–研究–中国 Ⅳ.①F279.244.4

中国国家版本馆 CIP 数据核字（2023）第 201593 号

机械工业出版社（北京市百万庄大街 22 号　邮政编码 100037）
策划编辑：孟宪勐　　　　　　　责任编辑：孟宪勐　高珊珊
责任校对：曹若菲　周伟伟　　　责任印制：单爱军
保定市中画美凯印刷有限公司印刷
2024 年 1 月第 1 版第 1 次印刷
170mm×240mm・12.25 印张・1 插页・146 千字
标准书号：ISBN 978-7-111-74113-8
定价：69.00 元

电话服务	网络服务
客服电话：010-88361066	机 工 官 网：www.cmpbook.com
010-88379833	机 工 官 博：weibo.com/cmp1952
010-68326294	金 书 网：www.golden-book.com
封底无防伪标均为盗版	机工教育服务网：www.cmpedu.com

Dual "Highly"
Corporate Culture

总　序

2040年，让中国人力资源管理领先世界

南丁格尔的启示

因为我出生在国际护士节 5 月 12 日这一天，还因为我的母亲做了一辈子的护士，所以我对被称为"世界上第一个真正的女护士"的南丁格尔一直有着好奇和关注。2018 年 10 月，我在英国伦敦独自一人参观了南丁格尔博物馆。博物馆在圣托马斯医院内，面积约 300 平方米，里面不但模拟了当时战场上的行军床、灯光，还模拟了枪炮声以及战场伤员痛苦的叫喊声。博物馆内一个展柜吸引了我的注意，上面写着"She is a writer"（她是一位作家），她一生留下了 20 多万字的有关护理工作的记录，其中不仅有南丁格尔记录护理经历的 63 封书信、札记，还有她的《护理札记》《医院札记》《健康护理与疾病札记》等多部专著。这给了我很大的触动：南丁格尔也许并不是第一个上战场做护理的人，也不是救治伤员数量最多的人，但因为她是记录护理工作最早、最多的人，她以事实、数据和观察为根据，总结了护

理工作的细节、原则、经验和护理培训方法等,并把这些记录写成书流传下来,向全球传播,为护理工作发展和护理科学做出了重要的贡献,所以她是当之无愧的护理学奠基人。

这一年,我和我的团队已经完成了"人才领先战略"系列第三本书的写作,参观南丁格尔博物馆的经历更加坚定了我写书的信念,我们要写更多的书,为中国、中国企业、中国的人力资源管理做出我们的贡献,不辜负这个时代赋予我们的使命!

"人才时代"已到来

从增量经济到存量经济

改革开放 40 多年,中国经济发展可以粗略分为"增量经济时代"和"存量经济时代"两个阶段。

第一阶段是 1978~2008 年,是需求拉动增长的"增量经济时代"。此阶段中国经济形势大好,很多企业即使不懂经营和管理,也能做大规模,获得经济大势的红利。企业似乎只要能够生产出产品,就不愁卖不出去,轻易就可以获取源源不断的收入和利润。在这个阶段,规模、速度、多元化是企业的核心关注点。内部管理是否精细并不重要。

第二阶段是 2008 年之后,中国转向"存量经济时代",城镇化和工业化增速放缓,造成整体市场需求增长趋缓,竞争越发激烈。过去那些不注重内部管理只追求规模的企业,那些为做大规模过度使用金融杠杆的企业,那些仅靠赚取大势红利生存的企业,这时都遭遇难赢利甚至难生存的危机。特别是中美贸易摩擦和新冠疫情让企业的可持续增长面临越来越大的压力。如何调整自身以应对新时代的挑战?如何在新时代找到增长与竞争的新的成功逻辑?这是所有企业都需要解决的新问题。

时代给出了答案并做出了倾向性的选择。在"存量经济时代",越来越多的企业意识到人才的重要性,对人才的渴望也达到了空前的水平,企业家们发现唯有充分利用"人才红利"才能实现企业在新时代的突围,企业在新时代乃至可预见的未来应该倚重的不是金融资本、自然资源和政策,而是越来越稀缺的各类人才。

个体价值崛起

2014年,众多公司开始推行"合伙人计划"。自万科推行事业合伙人以来,"合伙人"一时风靡于各行各业,被大大小小的企业所追随。"合伙人计划"的背后,是将"人"作为一种资本,"人"与物质资本、金融资本一样,能够平等拥有对剩余价值的分配权,不仅如此,还可以参与企业的经营和决策,这是一种个体价值的崛起!

企业家们发现,在这个时代,"人"靠知识、能力、智慧对企业价值的创造起到了主导甚至决定性的作用,"人"的价值成为衡量企业整体竞争力的标志。人与企业之间从单纯的"雇佣关系"变成"合伙关系""合作关系",这也体现了企业家们重视并尊重"人"创造的价值。海尔实行的"公司平台化、员工创客化"组织变革渐渐让我们看到了未来"不再是企业雇用员工,而是员工雇用企业,人人都是CEO"这样的雇佣关系的反转。

从以"事"为中心转向以"人"为中心

在人和事之间,传统的管理理论一直认为人处于"从属"地位,我们认为这是工业时代的管理思维决定的。在工业时代,因为外部环境的变化较小,不确定性不是那么强,对"事"的趋势性预测相对比较准确，外部的机会确实也比较多，人对企业发展的作用相比物质资本、金融资本确实会小一些，所以大部分企业家在企业管理上仍以"事"为中心。

但是，到了"存量经济时代"，外部环境风云莫测，不确定性和不可预测性显著上升。同时，随着个体价值崛起，人才对企业发展的重要性已经显著超过其他资本。我们发现，那些优秀企业也早已在积极践行以"人"为中心的管理战略。谷歌前CEO埃里克·施密特在《重新定义公司》中讲道："谷歌的战略是没有战略，他们相信人才的力量，依赖人才获得的技术洞见去开展新业务，不断地进行创造和突破，用创造力驱动公司的增长。"在国内，华为、腾讯、字节跳动、小米等标杆企业在践行"人才是最高战略"的过程中构筑了足够高的人才势能，它们通过持续精进人才管理能力，重金投入经营人才，不断强化人才壁垒，获得了越来越大的竞争优势。

很多企业家说他们缺兵少将，我们研究发现这是非常普遍的现象，而造成这一现象的根本原因是"重视人才的企业越来越多，加入人才争夺的企业越来越多，而人才供应的速度跟不上企业对人才需求的增长速度"，所以人才缺乏问题就比较严重。当今的企业在人才争夺上，面临着前所未有的挑战，我们发现那些优秀的企业都在竭尽所能地重视人，不计成本地争夺人，不顾一切地投资人，千方百计地激励人，人才正在向那些重视人和投资人的企业集聚。

所以，在新时代，企业要生存、要发展，"以人才为中心"不是"要不要做"的选择题，而是"不得不做"的必答题，否则人才将离你远去。

即使很多企业已经开始转向以"人才"为中心，但是很多企业在人力资源管理上的思维仍然停留在工业时代，存在着诸多误区。

人才管理的三大误区

误区一：不敢给高固定薪酬

纵观当下，采用低固定薪酬策略的企业通常都沦为普通企业或者昙花一现的企业，而优秀企业通常采用高固定薪酬策略。从低固定薪酬转向高固定薪酬的障碍就是中国人力资源管理转型的最大鸿沟，如图 P-1 所示。

图 P-1　中国人力资源管理转型的薪酬鸿沟

误区二：以考核取代管理

这个误区的根源是长期对"以考核取代管理"路径的依赖，以及由此产生的一系列人力资源管理的做法。这种路径依赖让企业习惯基于绩效考核的结果来发放薪酬，这种薪酬发放方式自然而然地产生"低固定、高浮动"的薪酬结构。

这种路径依赖也让企业产生"雇佣兵"思维，缺人就紧急招聘，做不出业绩就没有奖金或提成，而以这种薪酬结构又极难招到优秀人才（见图 P-2）。久而久之，企业就失去了打造优秀组织能力的机会和能力，使得企业在当前和未来的新经济形势下举步维艰。

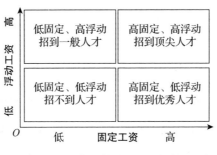

图 P-2　不同薪酬策略吸引不同的人才

误区三：以人才激励代替人才选择

激励的目的是让员工产出高绩效，很多人在研究激励，企业也在变着花样地优化自己的激励体系。然而我极少看到有企业家对自己企业实行的激励机制感到满意，那些对激励机制感到满意的企业往往不是因为激励本身，而是因为企业打造的人才队伍和组织能力。

事实上，员工的绩效在你聘用他的那一刻就已经基本确定了。我经常做一个类比：如果农夫选择了青稞种子，那无论如何精心地耕种和照料，也无法产出杂交水稻的产量。基于长期大量的观察、研究和咨询实践，我发现企业选择员工就像农夫选择种子，在选择的那一刻也就基本确定了收成。

21世纪第一竞争战略：人才领先战略

人才领先战略是什么

"人才领先战略"是一个完整的管理体系，它包含了企业成为领先企业的成功逻辑，其所要表达的核心思想就是"如果在人才方面优先投入和配置，那企业的发展将会有事半功倍的效果"。

我们认为，基于长期主义的思维，如果企业能够聚焦于人，将资源优先投入人才管理，企业就会获得成倍于同行的发展速度、成倍于同行的利润收益；随着企业规模的扩大，企业家和管理者的工作量不仅不需要成倍增加，反而会更加轻松和从容。我们把"人才领先战略"翻译成英文"talent leading strategy"，这是一个先有中文后有英文的管理学新词，在西方成熟的管理体系中还未出现过。

完整的"人才领先战略"体系包括四大部分（见图 P-3）。

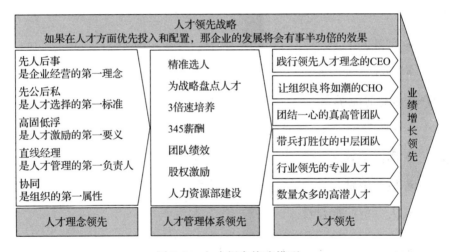

图 P-3　人才领先战略模型

1. 人才理念领先

优秀企业领先于一般企业的关键是拥有领先的人才理念和足够多的优秀管理人才。

企业家和企业高管需要摒弃陈旧的、过时的、片面的、错误的人才理念，使用符合时代特征和要求的人才领先战略的理念武装自己。

在新的时代背景下，我们为中国企业家萃取了领先的人才理念：

- "先人后事"是企业经营的第一理念。
- "先公后私"是人才选择的第一标准。
- "高固低浮"是人才激励的第一要义。
- "直线经理"是人才管理的第一负责人。
- "协同"是组织的第一属性。

2.人才管理体系领先

为了使中国企业做大做强,我们帮助企业建立了领先的人才管理体系:

- 精准选人。
- 为战略盘点人才。
- 3倍速培养。
- 345薪酬。
- 团队绩效。
- 股权激励。
- 人力资源部建设。

拥有领先的人才管理体系,企业相比同行和竞争对手:

在人才选择方面,能吸引、识别并选拔出更多优秀的人才。

在人才决策方面,以基于战略的人才盘点作为公司人才决策的主要依据。

在人才培养方面,更加精准与快速地培养出公司战略发展需要的人才。

在薪酬方面,能以同样的激励成本获取更高的人效。

在绩效管理方面,能提高促进团队协作、组织协同的团队绩效。

在股权激励方面，企业要慎重使用股权激励，以"小额、高频、永续"模式让股权激励效果最大化。

在人力资源部建设方面，更能够让人力资源部走向台前，成为组织能力建设的核心部门。

3. 人才领先

企业拥有以下六个方面的人才，就做到了人才领先：

- 践行领先人才理念的 CEO。
- 让组织良将如潮的 CHO。
- 团结一心的真高管团队。
- 带兵打胜仗的中层团队。
- 行业领先的专业人才。
- 数量众多的高潜人才。

4. 业绩增长领先

企业拥有了上述六个方面的人才领先就能做到：企业良将如潮！业绩增长领先！

谁能把企业做强做大

未来市场将经历洗牌的过程，在无数次给企业家讲课时，我明确说道："未来 20 年，一家企业如果没有进入行业前十就没有生存权，如果没有进入行业前三就没有安全感。没有进入前十的企业都会被淘汰出局。"

在供给过剩的经济环境下，每家企业都在拼命地奔跑，做强做大才能长久生存。那么谁能将企业做强做大呢（见图 P-4）？

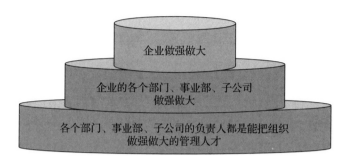

图 P-4　企业做强做大逻辑模型

第一，企业做强做大，一定取决于企业的各个部门、事业部、子公司能够做强做大。企业一定不可能出现这样的情况。各个部门、事业部、子公司没有做强做大，结果企业却做强做大。这种情况不符合逻辑。

第二，企业的各个部门、事业部、子公司能够做强做大，一定取决于各个部门、事业部、子公司的负责人都是能把组织做强做大的管理人才。企业一定也不可能出现这样的情况：各个部门、事业部、子公司的负责人不善管理，不具备让自己的部门、事业部、子公司做强做大的能力，结果他负责的部门、事业部、子公司却做强做大了。这种情况也不符合逻辑。

第三，能把自己的部门、事业部、子公司做强做大的人是优秀的管理人才，他能不断从外面吸引招聘人才，他能持续在内部培养出人才，他能激励人才做出贡献，他能把人才团结到一起，实现高效协同。

第四，能把企业做强做大的是管理人才，能领导自己的部门、事业部、子公司做强做大的人是优秀的中层管理人才。

企业家面对人才管理问题时，重心是什么？从哪里入手？我的观点是："擒贼先擒王，招聘先招将；打蛇打七寸，重点在中层。"

因此，企业要做强做大，需要关注的人才是：第一，管理人才；第二，专业人才；第三，高潜人才。其中70%的重心应该在中层管理人才。

能把企业做强做大的关键是拥有数量充足的优秀中层管理人才。

为使命而写书

从第一本书《聚焦于人：人力资源领先战略》开始，我们历时数年陆续写了《精准选人：提升企业利润的关键》《股权金字塔：揭示企业股权激励成功的秘诀》《345薪酬：提升人效跑赢大势》《重构绩效：用团队绩效塑造组织能力》《找对首席人才官：企业家打造组织能力的关键》《人才盘点：盘出人效和利润》《人效冠军：高质量增长的先锋》《人才画像：让招聘准确率倍增》《3倍速培养：让中层管理团队快速强大》等一系列人才领先战略图书，2023年我们还会陆续出版《双高企业文化：让企业文化简单有效》《校园招聘2.0》等书。我们秉持每一本书的每个理念、方法、工具和案例都聚焦于人，努力向企业家详细介绍如何系统实施"人才领先战略"，为企业家指出事半功倍的企业成功路径。

曾有企业家和朋友问我："你们写这么多书的动力是什么？"我发自内心地回答说："是为了2040年的使命！"实际上，我们写书有三个动力。

让勤奋的中国企业少走弯路

多数中国企业的快速发展依赖于勤奋，但疏于效率；中国的企业家很喜欢学习，但学习的课程良莠不齐难辨好坏。近几年，中国的企业家对人力资源管理的关注热情越来越高,然而人力资源书籍要么偏重宏观理论,要么偏重操作细节,基于企业家视角,上能贯通经营战略,下能讲透落地执行的人力资源图书十分匮乏。为此,我将德锐咨询的书的读者定位为企业家。

我之所以能自信于我们德锐团队对中国企业人力资源管理的需求、痛点、难点的洞察,之所以能自信于我对全球领先企业的成功做法与实践的识别,一方面因为我在沃尔玛从事人力资源管理的工作经历,让我能够识别国内外优秀企业的共性特征。此外,德锐咨询善于整理案例,萃取精华,建立模型,撰写成书,然后向更多的企业进行推广,让更多的企业能够更方便地学习、掌握并运用先进的做法,避免经历过多的寻找、试错、再寻找的重复过程并减少浪费。

另一方面因为我们每年都会接触上千位企业家,与数百位企业家进行深度交流,我也特别重视主持和参与企业家私董会的问题研讨,这让我们接触到各种类型的企业、各个发展阶段面临的组织发展和人才管理的各种问题。这确保了我们对问题、需求有充分的了解。

我们以最广泛的方式学习、收集世界500强企业的领先做法和中国各行业头部企业的成功实践经验,也包括我们每年咨询服务的上百家企业,它们大多是各行业、各细分领域的领先企业,虽然有各自需要提升的方面,但也都有自己的优秀做法。我们利用自己快速学习、提炼归纳的优势,总结组织发展和人才管理的各种方法论。

让更多企业用上世界领先的管理方法

在写书的过程中,我反复向创作团队强调:不要保密!不要担心同行学会了和我们竞争抢业务,不要担心企业家和HR读懂了我们的书并且会做了,就不会找我们做管理咨询。德锐咨询要对自己的研发有自信，我们不断研究和创新，研究企业新遇到的问题，研究出行业中还给不出的解决方案，这是"人无我有"；我们还要对行业中另一种情况进行研究，比如，有咨询同行在提供咨询服务，但是理念和方法落后，对企业效果不佳，德锐咨询研究出比同行更与时俱进、更能解决企业实际问题的解决方案，这是"人有我优"。总有优秀的企业希望建立人才先发优势，用到我们领先的咨询产品；总有优秀的企业能拨开迷雾，识别出我们从根本上解决问题的系统性解决方案。以"不要保密"的开放精神去写书，是要让更多的优秀企业和想走向优秀的企业知道，德锐咨询能帮助企业找到更好的方法。

我们写书创作时秉持的宗旨是：让读者在理念上醍醐灌顶，操作上读了就会。我们坚持：总结西方管理的领先理念、世界500强企业的成功经验、中国头部企业的经典案例、中小企业的最佳实践，萃取其成功背后的逻辑，构建普适性模型，将应用方法工具化、表格化、话术化。

让中国人力资源管理领先世界

写书过程的艰难、痛苦只有写了书才知道。在德锐咨询的各种工作中，写书是最艰难的事情。我们过去能坚持下来，未来还将坚持下去，皆因德锐咨询的使命——"2040年，让中国人力资源管理领先世界"。我们希望在不久的将来中国能成为世界上最大的经济体，不只是规模上的世界领先，更应该是最强的经济体，应该是人均产值、人均利润的领先。这就需要更多的中国企业成为效率领先的企业，成为管理领先的企业，成为人力资源管理领先的企业。作为一家专注于人力资源管理领域的咨询公司，德锐咨询决心承担起这一使命，呼吁更多的企业家、管理者一起通过长期的努力奋斗，不断提升中国企业的人力资源管理水平，直至实现"让中国人力资源管理领先世界"。

我们的用心得到了很多企业家朋友和读者真诚的反馈。现在，我经常会收到一些企业家、企业高管发来的信息：

"这次去美国只带了《精准选人》，深刻领悟了你的观点。"

"我买了100本你的《聚焦于人》，我把这本书当作春节礼物送给我的企业家朋友。"

"我给我的所有中层都买了你的《人效冠军》，让他们每个人写读书心得。"

"我们企业家学习小组正在读你的《重构绩效》，15个人每周读书打卡。"

"感谢李老师的《股权金字塔》，我们公司正在参考你的书做股权激励方案。"

"谢谢你们无私的奉献，《人才画像》里面写的方法、工具，是我招聘时一直在寻找却一直没有找到的，你们把这种方法写了出来，很实用！"

"以前我总以为我的一些想法是错的，看了你的书，验证了我的一些成功实践，在人才管理方面有了新的思路。我个人不太喜欢看书，但你的书我特别喜欢！我已经买了你所有的书，已经读完了9本，两个月内能全部读完。"

这些反馈让我和我的同事感到十分欣慰，这又成了我们持续写书、持续为企业家写书的动力。

为此，2019年我和合伙人团队达成一致，坚定地把持续研究、撰写"人才领先战略"的专业书作为公司一项长期的战略任务。我们已经在"十三五"期间完成了13本书的翻译和撰写。2020年底，当我们在制定"十四五"期间的规划时，也制订了一个宏伟的研究写书计划："十四五"期间写25本，"十五五"期间写50本，到2030年我们总计要完成"人才领先战略"系列丛书88本的写作。

决心和勇气

每家企业都想成为优秀企业，但并不是每家企业都有践行优秀企业做法的决心和勇气。在过去的十年中，我向上万人介绍过"人才领先战略"，很多人听到后认为它逻辑合理，但我们发现真正要践行的时候，很多企业又开始犹豫了。

为什么会犹豫？很多企业家说："周围的企业都还在用'低固定、高浮动'的薪酬结构，我要冒这个风险吗？我如果用'高固定、低浮动'的薪酬结构，给错人怎么办？给了高薪酬人又离开了怎么办？给了高薪酬之后他依然做不出更大的贡献怎么办？公司的人力成本过高，影响经营怎么办？"甚至有的企业家说："如果我给了高固定工资，别人都托关系把人推到我这边安排工作怎么办？"之所以产生诸如此类的担心和顾虑，是因为大多数人对变化带来的风险损失进行了过多的考虑和防范，而对于已经蒙受的损失，却有着过高的容忍度。

企业家要跨越鸿沟，需要有决心和勇气。

其实企业家不缺乏决心和勇气。企业家有买地、建厂房、买设备、并购企业的决心和勇气，但这些都是没有腿、没有脑，自己走不了的：厂房坏了还在那儿待着，设备旧了还在那儿趴着，并购的企业烂了还在手中。

很多企业家缺乏的是招聘和培养人才，给出高固定工资以及让不合适的人离开的决心和勇气。因为人是有腿有脑，有主观能动性的，当对象发生变化的时候，我们就会被成功的概率所困扰。因此在人的方面，企业家要用概率思维去估量得失，不能只关注损失，更要关注获得。比如人才培养，我们不能只看培养后走的人，更应该看培养后留下来的人，看到那些已经成为栋梁、为企业创造价值的人。如果我们不培养，就很难有收获；如果我们在培养上下了功夫，即使有人走了，我们还收获了留下来的。

企业家对人要有信心，要去信任和激发人性中积极的方面，在人的方面要勇于尝试，只有勇于承担用人造成的损失，才能赢得人才战争的胜利。

为什么有些企业家缺乏分享的勇气？这是因为他们想当富豪。为什么有些企业家不敢淘汰人？这是因为他们想当"好人"。真正的企业家，应该放弃当富豪、当"好人"的想法。当真正处于企业家角色的时候，放弃这些都是轻而易举的，践行领先人才理念的决心和勇气会油然而生。

今天的"人才领先战略"能否在企业实施落地，关键看企业家面对现在的经济环境有没有决心和勇气。

德锐咨询"人才领先战略"所介绍的理念、工具和方法，都是持续优秀的卓越企业的做法，并不是大众企业的做法。但这是不是意味着德锐咨询的研究不符合大众企业的利益和需求？

每当我们问企业家"你想让自己的企业成为一个昙花一现的企业、垂死苟活的企业，还是成为优秀的企业，或者持续优秀的卓越企业"？所有企业家都说，希望自己的企业能成为行业领先企业，成为区域领先、全国领先企业，甚至成为世界领先企业，所有的企业家都怀着要打造优秀企业、打造卓越企业的情怀与梦想。所以德锐咨询为大众企业提供了如何成为优秀企业、卓越企业的领先理念、正确方法、有效工具，这正符合了大众企业的真正需求。但是，能成为优秀企业和持续优秀的卓越企业的并不多，原因就在于许多企业缺乏在人才上下赌注的勇气，没有投资于人的决心。

德锐咨询把优秀企业、持续优秀的卓越企业的做法，通过管理咨询的实践验证、分析研究，提炼、总结成图书、文章，公之于众，帮助更多的中国企业成为区域标杆、行业标杆、全国标杆乃至世界标杆，这就是德锐咨询的责任和使命。

吉姆·柯林斯的新书《卓越基因》中有这样一句话："没有伟大的人才，再伟大的愿景也是空想。"这是很多企业愿景落空的根本原因，而这和德锐咨询"人才领先战略"系列丛书所想表达和强调的思想是高度一致的。我们希望"人才领先战略"系列丛书的出版，真正能够帮助中国企业家提升人才管理能力，增加在人才上的决心和勇气，成就企业伟大愿景。

以上，是为序。

李祖滨
德锐咨询董事长

Dual "Highly"
Corporate Culture

前　言

简单易行的"双高"企业文化

企业文化两大痛点

企业文化与战略同等重要，因此越来越多的企业逐渐重视企业文化。但企业文化相比战略更难管理，因此企业文化在各企业的建设中呈现出了良莠不齐的局面。

近二十年来，我们在为企业诊断企业文化、梳理企业文化、推动企业文化落地时发现，企业在企业文化建设中遇到的问题不外乎两个方面：太复杂、难落地！

太复杂

贪多求全，脱离实际，难以记忆

很多企业觉得企业文化比较务虚，所以企业文化包括的内容越多越好，除了企业文化中基本的使命、愿景、价值观外，还包括了企业精神、道德规范、行为准则、历史传统、企业制度、文化环境、企业产品等各种类目，这样的企业文化虽然全面，但是很多概念似是而非，让人抓不住重点，不知道企业的文化内涵到底是什么，难以记忆和广泛传播。

更有甚者，自从《华为基本法》面世，许多企业积极效仿，当然背后也有第三方服务机构的大力推动，不论企业有没有到一定的发展阶段，也不论企业自身有没有文化的总结和积淀，都要做一个数万字的某某基本法、某某宪章、某某文化纲领，其中很多内容都是照搬其他企业的文化理念，和自身企业实际严重脱离，同时还要组织企业全员定期学习，如此厚的一本"大部头"，实在让人痛苦不堪。

"引经据典"，故弄玄虚，晦涩难懂

企业文化内容太复杂，除了内容贪多求全之外，还有一类企业喜欢将企业文化"神秘化"和"玄学化"，它们喜欢从东西方宗教、哲学、文学等经典中寻章摘句，将晦涩难懂、佶屈聱牙的术语作为企业文化的核心内涵，比如"上善若水""格物致知""厚德载物"等，来凸显文化底蕴，结果附庸风雅了半天，没有几个人能听懂，这些不接地气的、华丽的企业文化也只能束之高阁了。

为企业创造价值的企业文化有三个特征：

（1）是企业自身文化特点的提炼总结。

（2）能凝聚人心。

（3）能推动企业经营发展。

比如河南商业零售巨头胖东来，它以"公平、自由、快乐、博爱"的企业文化信仰，打造了一家员工热爱、顾客满意的幸福公司。"公平、自由、快乐、博爱"这八个字何等简单、朴素、接地气，让人一看就懂、一听就明。正是基于这种简单明白、易懂易学的企业文化，胖东来才能让其企业文化更广泛、更深入地传播，直至在每位员工和顾客心中生根发芽，最终使得胖东来的企业文化成为众多企业竞相模仿和学习的对象。

难落地

内容太复杂，缺少落地举措

企业文化建设的第一个痛点"太复杂"也会引发企业文化的第二个痛点——难落地。内容过于复杂的企业文化一方面会因其过多过全，导致企业抓不到重点，无法聚焦关键维度，难以找到精准高效的落地举措；另一方面会因其过于晦涩难懂、不易理解，难以形成可行的落地举措。

举措流于形式，与企业文化脱节

还有部分企业虽然设计了很多企业文化的落地举措，但是这些举措基本流于形式，比如它们认为企业文化落地就是搞活动、树典型、唱赞歌；就是概括几句响亮的口号；就是组织员工开展业余文体活动，一月元旦晚会，二月年会，三月集体婚礼，四月爬山，五月运动会等，每场活动都很隆重，都有华丽的装饰、盛大的场面；就是包装企业形象，等同于企业形象识别系统（CIS）……

虽然轰轰烈烈做了很多，最后却发现落地举措与企业倡导的文化内涵相脱节，没体现企业的核心价值观，员工也把各种活动理解成福利，没明白活动与文化倡导的意图。

源起沃尔玛的双高企业文化

2004年我离开沃尔玛从事管理咨询，我对沃尔玛的人力资源管理和企业文化进行了系统的研究。对沃尔玛企业文化的特点,我用一句话总结为"严格与关怀恩威并施,制度与文化相得益彰"(见图0-1)。沃尔玛的企业文化给员工带来的成长帮助和尊重关怀是无微不至的,同时沃尔玛对违背价值观行为的"零容忍"、对目标的全力以赴、对制度流程的严格要求是很多企业难以企及的。

高严格	高关怀
沃尔玛的诚实原则是任何人都无法逾越的。诚实原则的概念所涉及的范围非常广,涵盖了公司管理的方方面面。违反诚实原则一定会被解聘,甚至承担法律责任。 公司的"三大信仰"、各项政策、规章制度是一切行为的准则,任何个人都不能违背。 沃尔玛的所有财产和设备仅供商业业务使用,员工不可借于私用。 沃尔玛对员工工作中的每一次过失和错误决不姑息,在事发48小时内必须做出处分决定,处分等级从口头指导、书面指导、决定日、无薪停职到终止聘用,即使对主管、经理也一视同仁。 对员工迟到的处罚精确到以分钟为单位。	沃尔玛创始人山姆·沃尔顿总结出"事业成功的十大法则": • 忠诚于你的事业。 • 与同人建立合伙关系。 • 激励你的同人。 • 凡事与同人沟通。 • 感激同人对公司的贡献。 • 成功要大力庆祝,失败亦保持乐观。 • 倾听同人的意见。 • 超越顾客的期望。 • 控制成本低于竞争对手。 • 逆流而上,放弃传统观念。 其中,前七条都是关于员工关系的。 沃尔玛提倡"让员工快乐起来",不允许管理人员辱骂、殴打、歧视员工,把培养员工、发展员工作为管理人员的工作职责,真正体现了"尊重个人"。

图0-1 "高严格"与"高关怀"对立融合的沃尔玛企业文化

沃尔玛的企业文化将"高严格"与"高关怀"两个对立的要求,融合为完美的文化体系,给企业带来持续的增长,使沃尔玛成为位列世界500强第一的次数最多的企业。这是我提出双高企业文化的起源。至今为止,我接触过各种文化理论,了解了优秀企业文化案例,我坚定地认为"双高企业文化"是对优秀企业文化最准确的总结。

当今各个学派对企业文化的定义很多,我对企业文化的定义是:"企业文化是企业全体员工一致认同的理念、共同履行的行为。"

什么是双高企业文化

通过对卓越公司案例的分析以及文献梳理，我们尝试找到企业文化的共同点和关键维度。最终发现，无论组织的类型、规模、所处行业和地域如何，企业文化都有两大关键维度："严格"和"关怀"。

高严格与高关怀相互融合，可以在企业中营造出既追求卓越又充满自我激励的向上文化。在这种文化下，企业的战略目标和员工的个人发展都将得到实现，从而形成共赢和可持续发展。卓越的企业都是双高文化，比如华为、龙湖、奈飞等，几乎所有的优秀企业都有这样的文化特征。

严格第一，关怀第二

在双高企业文化中，严格第一，关怀第二，严格要多于关怀。因为优秀的企业文化根本目的是确保组织取得高绩效，能够持续支撑企业经营发展。而严格的直接目的是让组织持续发展，不断打胜仗。优秀的企业都将"严格"看作企业文化的主旋律。华为的四项价值观中只有"以奋斗者为本"一项体现了高关怀，其他三项"以客户为中心、长期艰苦奋斗、坚持自我批判"都强调高严格。

宽严平衡，容易落地

很多企业在进行企业文化建设的时候，往往容易过分严格或过分关怀，导致企业文化失衡，带来了种种问题。而很多企业又由于发展路径依赖，没有及时进行企业文化变革，因此逐渐给企业的经营发展带来了阻碍。双高企业文化则一开始就从严格、关怀两个维度推动企业文化建设，有效兼顾了两者的平衡，保证企业文化始终处于良性发展之中。

针对很多企业的企业文化内容庞杂、追求形式等问题，双高企业文化牢牢抓住了能够持续支撑企业增长的文化本质：高严格和高关怀。企业的资源和精力都聚焦于这两个维度发力，而且每个维度都制定具体可执行的行动举措，避免了企业在文化落地上无从下手或仅仅开展文化活动的情况。事实上，我们可以发现，优秀的企业如华为、奈飞也是从各个维度去开展行动才取得文化深入人心的效果的。

让企业文化"简单""易行"

双高企业文化始终围绕和聚焦于高严格、高关怀两个维度进行提炼和建设，简单易记，方便在企业内外进行推广宣传。

我们在高严格和高关怀维度下又将其细分成若干子维度（见表0-1），并具体解释了其含义、具体特征，同时列出了关键行动，还设计了双高企业文化诊断量表、管理者和企业家落地双高企业文化的工作清单等表单（具体表单见各章节），让双高企业文化能切实在企业中落地。

表0-1 双高企业文化落地关键行动

双高企业文化落地关键行动维度	子维度	关键行动
高严格	坚持选择合适的人	严把进人关
		对不合适的人当机立断
		提高人才密度
	对高目标全力以赴	制定挑战性的目标
		制定清晰长远的目标
		对目标坚决地执行
	对违背价值观行为零容忍	对违背价值观行为零容忍
	对客户卓越交付	为客户提供卓越的产品和服务

（续）

双高企业文化落地关键行动维度	子维度	关键行动
高关怀	高于市场水平的薪酬	高于市场水平的浮动薪酬
		高于市场水平的固定薪酬
		持续地激励调薪
	走心的关爱	用平等让人更有尊严
		用信任激发员工的责任感
	3倍速成长	用高效的培养方式帮助员工成长

企业家是企业文化的第一践行者和捍卫者

当然，企业文化一开始主要来自企业家的自身特质。企业创立期企业家应以身作则、身体力行为企业树立榜样，随着企业的不断发展，企业家需要逐步明确企业的发展方向，并根据企业发展的需求塑造及修正个人的风格与行为，逐步从企业文化的缔造者转为遵守者，以身作则，严格遵守制度，不放任自身的权力成为制度的破坏者。同时对于违背价值观的行为需要以坚决的态度制止，并及时发声。

作为企业文化的第一宣导人，企业家唯有身体力行，双高企业文化才能更快、更好地在企业内落地并生根发芽，从而真正支撑企业经营发展。企业家的第一角色不是"富豪"，也不是"好人"，而是践行与捍卫企业文化的"企业家"。

致谢

《双高企业文化：让企业文化简单有效》这本书从写书小组成立到出版发行，历时大约10个月。其实本书出版时间比原计划推迟了两个多月，主要原因是对于书中的逻辑架构反复讨论、推敲、修改。基于此，写书小组为了更好地厘清、形成书的逻辑架构，研究了国内外大量的优秀企业文化案例以及企业文化理论，并对上百家企业进行企业文化问卷调研，通过分析调研，最终形成了本书的逻辑框架，让本书既能体现德锐咨询对于企业文化研究的理论高度，又能给广大企业提供具体可操作、可落地的方法和工具。

本书的顺利出版承蒙很多人的支持，此处谨对他们表达诚挚的感谢。

感谢参与写书的同事，他们有刘星、刘刚、蒋翔鹤、陈媛。他们利用项目之余的时间辛勤写书，并经过了多轮集体交流、探讨、研究，才有了本书的呈现。同时感谢写书小组之外的同事承担了大量的工作，给予写书小组时间上的支持，感谢参与本书校对的同事，本书是我们团队的智慧成果。

如果本书能给企业家和HR从业者带来一些关于企业文化的启发和助益，那便是我们所热切期盼的了，也必将鼓舞我们在企业文化的研究领域继续前行！

李祖滨
德锐咨询董事长

Dual "Highly"
Corporate Culture

目　录

总序　2040 年，让中国人力资源管理领先世界
前言　简单易行的"双高"企业文化

第 1 章　双高文化是企业的最佳选择

"绩效导向"还是"以人为本"····················1
"高严格、高关怀"的双高企业文化··············4
易于落地的双高企业文化·······················10
双高企业文化诊断量表·························12
关键发现·····································14

第 2 章　绩效导向的"高严格"

坚持选择合适的人·····························15
对高目标全力以赴·····························31
对违背价值观行为零容忍·······················42

对客户卓越交付 ·· 47

　　　关键发现 ··· 51

第3章　以人为本的"高关怀"

　　　员工需要怎样的高关怀 ································· 53

　　　高于市场水平的薪酬 ··································· 55

　　　走心的关爱 ··· 63

　　　3倍速培养 ·· 69

　　　关键发现 ··· 80

第4章　双高文化落地"七举措"

　　　举措一：从价值观到行为的共识 ························· 82

　　　举措二：管理者率先垂范 ······························· 89

　　　举措三：用价值观选择人才 ····························· 96

　　　举措四：讲员工故事 ·································· 100

　　　举措五：用文化检查制度 ······························ 104

　　　举措六：抓住一切时机讲文化 ·························· 105

　　　举措七：用文化活动让文化升温 ························ 106

　　　关键发现 ·· 112

第5章　企业家用双高文化打胜仗

　　　以身作则践行双高文化 ································ 113

　　　不要做老好人 ·· 115

　　　要有先付出的勇气 ···································· 120

带领企业打胜仗 ··· 122

关键发现 ··· 123

第 6 章　百年践行双高文化的宝洁公司

千里挑一的校招 ··· 124

上下一心的百亿梦 ··· 129

价值观是一切行为的准则 ··· 134

持续保持薪酬的领先 ··· 136

陡峭的成长曲线 ··· 137

宝洁人的自我认同感 ··· 141

关键发现 ··· 144

第 7 章　走向双高文化的久吾高科

愿景共识凝聚全体员工 ··· 148

整体目标促进组织协同 ··· 152

用价值观引导员工行为 ··· 153

优进劣出激发组织活力 ··· 157

公平晋升牵引员工成长 ··· 160

激励倾斜激发优秀员工 ··· 162

关键发现 ··· 166

Dual "Highly"
Corporate Culture

第 1 章

双高文化是企业的最佳选择

> 实现跨越的公司建立了一贯执行的制度,但它们也同时给予员工制度框架下的自由和责任。它们聘用严于自律、无须管理的人,公司只须管理系统,而无须管理这些人。
>
> ——吉姆·柯林斯

"绩效导向"还是"以人为本"

一提到哪种企业文化好,很多人首先想到的是以人为本、关怀员工、对员工好,他们会将企业文化视为日常事务以保障员工对工作场所的满意又或者是工作氛围的和谐,而没有想到企业文化是帮助员工更好表现和帮助企业更好发展的有效方式。但是如果一味去关怀员工而影响企业的业绩增长,那么企业对员工的关怀也难以为继。

2015 年 5 月 30 日,在上海国际会展中心举办的《人力资源转型》(*Human Resource Champions*)中文版发布会上,人力资源管理大师戴维·尤里奇说:"企业文化首先是绩效导向的文化而不是以人为本的文化。"书中介绍的人力资源四大角色中，有一项过去被译为"员工关怀者"，而我在《人力资源转型》中文版中将它译为"员工支持者"，因为我发现戴维·尤里奇在书中反复强调："作为管理者，首先要帮助员工完成任务、达成业绩，而不是一味地关怀员工和'讨好'员工。"

奈飞：绩效第一的文化

奈飞（Netflix）在 2021 年 1 月 19 日宣布上季度新增用户 850 万个，总用户数达 2.03 亿个，稳坐全球流媒体头把交椅。2009 年，奈飞公开发布了一份介绍企业文化的 PPT 文件《奈飞文化手册》，被广泛流传和学习，其核心的思想就是自由与责任。

责任第一，自由第二

我们可能惊讶于奈飞给员工的"自由"：给予行业最高的薪酬，取消任何的管控，去除一切没有价值的工作流程，提供平等、开放的工作氛围。但是这都建立在责任的基础上，《奈飞文化手册》中第一条原则就是只和成年人合作。成年人拥有健全的心智系统，能够良好地感知，并且控制自己的情绪和行为。成年人也更敏锐地追求高绩效，并且会为之而不断驱动自己努力。成年人之间的沟通，不在意立场、感受和意见，只在乎目标、方法和行动。成年人更不需要严加看管，只要给予他们足够多的挑战与机会，他们自然能够创造绩效。

奈飞相信这些成熟的人能够做出最符合公司利益的事情而不需要看管和监督。同样，这样的自由、权力也让他们产生了一种责任感和自律感，能够持续创造绩效。如果员工丧失了这些责任或者表现不够好，公司会及时告知、纠正。如果发现你不再优秀，他们会用友好的方式让你尽早离开。

担负责任的员工才有自由

奈飞招揽最有才华的人，会让他们将自己的才华发挥到极致，并且给他们提供足够的"自由"。这些自由建立在员工能担负责任的基础之上，一旦发现员工不能产生高绩效，奈飞会果断让他们离开。奈飞通过两个问题来优化内部员工：

第一，这个人能被别人替代吗？

第二，现在的团队中，三个人创造的价值能比得上这一个人吗？

如果答案是否定的，那么，这个人值得双倍薪酬，企业可以雇用这个人，并且让另外的三个人离开。

奈飞创始人哈斯廷斯曾在"人才密度"说法中提到，优秀人才林立的团队会产生集聚效应，优秀的人会互相学习、相互协作、互相激励；如果团队中有一两个表现欠佳者，就会拉低整个团队的表现；如果允许他们继续留任，就表明公司接受平庸，会导致团队持续拉胯。

除此之外，员工对道德及安全问题同样背负责任，一旦发现骚扰员工、内幕信息交易等触碰公司红线的行为，奈飞坚持"零容忍"处理。

奈飞的文化表明企业文化首先是"绩效导向"。贝恩咨询通过调研 400 多家绩效最佳的企业，找出了这些绩效最佳的企业在企业文化上的共同之处，他们称之为制胜文化，希望通过提炼这些共同之处对其他企业打造高绩效文化有所启示。

贝恩咨询研究发现，企业能否取得高绩效的一大关键是：企业是否表现出与企业策略相配、强化正确员工行为的文化属性。深入调研揭示，这七个文化属性（见表 1-1）均是绩效导向，所以高绩效企业的企业文化首先是绩效导向。一个企业也只有取得好的绩效才能有条件持续关怀员工。

表 1-1 高绩效企业强化正确员工行为的文化属性

序号	文化属性	具体表现
1	诚实	在所有与员工、客户、供应商和其他利益相关者的相互交流中，都极具诚信
2	着眼于绩效	奖励、提升以及其他人才管理措施，都与作为潜在驱动力的绩效同步
3	承担责任与主人翁精神	角色、责任与权限都在工作过程与结果中巩固了主人翁精神
4	合作精神	大家普遍认为："最好的想法来源于个人与团队之间观点的交流与分享"
5	敏锐而具适应性	企业能够在必要时迅速转变，并快速适应外部环境发生的变化
6	创新性	员工在新思维方面不断挑战极限
7	以成功为目标	雄心集中于达到成功目标的措施，无论是对抗竞争，还是对"卓越"这一绝对标准的挑战

因此，企业文化首先是"绩效导向"而不是"以人为本"。卓越的企业对文化的意图并非只是让员工有归属感，它们更看重如何通过文化使企业持续创造高绩效，实现企业成功。

"高严格、高关怀"的双高企业文化

双高企业文化矩阵

通过对卓越企业案例的分析以及文献梳理，我们尝试找到优秀企业文化的共同点和关键维度。最终发现，无论组织的类型、规模、行业和地域如何，企业文化都有两大关键维度："严格"和"关怀"（见表 1-2）。理解一家企业的文化，需要先分析它在这两个维度上的表现。

表1-2 "严格"维度和"关怀"维度

"严格"维度的四个方面	"关怀"维度的三个方面
1. 坚持选择合适的人 2. 对高目标全力以赴 3. 对违背价值观行为零容忍 4. 对客户卓越交付	1. 高于市场水平的薪酬 2. 3倍速培养 3. 走心的关爱

"严格"维度：从企业出发，坚持选择合适的人、对高目标全力以赴、对违背价值观行为零容忍、对客户卓越交付，从员工、增长、价值观、客户四个方面的严格要求，保障了企业的发展需求。

"关怀"维度：从员工出发，给予员工高于市场水平的薪酬，对员工进行3倍速培养，同时给予员工走心的关爱。通过关怀让员工产生高敬业度、强烈的归属感和认同感，从而支撑企业发展。

在对严格和关怀这两大维度进行分析归纳的基础上，我们定义了四种企业文化风格（见图1-1）。

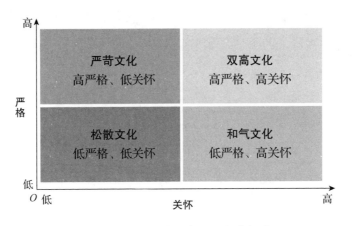

图1-1 德锐咨询双高企业文化矩阵

双高文化：高严格、高关怀的双高企业文化，高严格与高关怀相互融合，在企业中营造出既追求卓越又充满自我激励的向上文化。在这种文化下，企业和员工将逐步形成一种"骏马自知前程远，无须扬鞭自奋蹄"的氛围，企业的战略目标和员工的个人发展都将得到实现，从而实现共赢和可持续发展。卓越的企业都是双高企业文化，比如华为、龙湖、奈飞等。

严苛文化：高严格、低关怀的企业文化，仅对员工高严格，忽略对员工的关怀。一味苛刻地要求员工，企业内部会形成一种高压文化，这种严苛的文化氛围也会让员工失去动力且感受不到工作的意义，甚至造成员工的对立和反抗。那些被称为"血汗工厂"的企业，就是严苛文化的写照。

和气文化：低严格、高关怀的企业文化，只强调高关怀而忽略对组织或员工的严格要求，容易形成一种过于宽松的温情文化氛围。这种文化虽然能够让员工感受到舒适，但会让员工变得怠惰从而使企业失去前进的动力。比如一些历史久、重人情的企业容易出现和气文化。

松散文化：低严格、低关怀的企业文化，对员工既没有严格要求，也欠缺对员工的关怀。如果企业中形成松散文化，企业将难以长久生存。松散文化经常出现在一些创业初期或濒临倒闭的企业中。

既要严格又要关怀

企业执行文化时常常也会因文化执行得不平衡导致种种问题，在我们接触的大量客户案例中，60%以上的企业都会出现文化不均衡，即严格不够或关怀不够。

究其原因，主要是发展初期企业文化由企业家的性格主导，没有相互补充的管理团队或文化体系，很容易造成文化不均衡。

我们从企业文化理论的形成起源中可以发现，文化的纷争到最后的融合同样也是严格与关怀两个维度的融合。

企业文化起源于 20 世纪 80 年代，是在原有管理理论基础上创新和发展而来的，企业管理从单纯的技术和经济层面上升到了文化层面。这其中典型的理论就是 Z 型组织文化，而 Z 型组织文化就是双高企业文化的理论渊源。

Z 型组织文化就是双高企业文化

1980 年，美籍日裔教授威廉·大内选择了日、美两国的一些典型企业（这些企业在本国及对方国家中都设有子公司或工厂）进行研究，发现日本企业的生产率普遍高于美国企业，而美国企业在日本设置的子公司或工厂，如果按照美国方式管理，其效率便差。深入研究发现，这两类企业分别具有各自的显著特征，如表 1-3 所示。

表 1-3　不同类型企业组织特征

A（America）型组织文化	J（Japan）型组织文化
倾向于高严格文化	倾向于高关怀文化
1. 短期雇佣制度 2. 强调短期的绩效考核 3. 专业化的经历道路，造成员工过分局限于自己的专业，对整个企业的了解并不多 4. 明确地控制 5. 个人决策过程，不利于诱发员工的聪明才智和创造精神 6. 个人负责，任何事情都有明确的负责人 7. 更加关注事，注重短期结果的达成	1. 实行长期或终身雇佣制度，使员工与企业同甘苦、共命运 2. 对员工实行长期考核和逐步提升制度 3. 非专业化的经历道路，培养适应各种工作环境的多专多能人才 4. 管理过程既运用统计报表、数字信息等清晰鲜明的控制手段，又注重对人的经验和潜能进行细致而积极的启发诱导 5. 采用集体研究的决策过程 6. 对一事件工作集体负责 7. 员工树立牢固的整体观念，员工之间平等相待，每个人对事物均可做出判断，并能独立工作，以自我指挥代替等级指挥 8. 更加关注人，注重人的工作体验与激发
Z（Zygote）型组织文化：倾向于高严格、高关怀文化。融合了 A 型和 J 型两种管理模式，既注重对事的控制、个体的短期奖惩，又注重人的平等、自由、集体关怀等	

根据这一现象，大内提出美国的企业应结合本国的特点，学习日本企业的管理方式，形成自己的管理方式，即把典型的美国企业管理

模式称为 A（America）型，把典型的日本企业管理模式称为 J（Japan）型，把 A 型与 J 型融合的企业管理模式称为 Z（Zygote）型。大内认为美国企业借鉴日本企业经验就要向 Z 型组织转化，Z 型组织既符合美国企业文化，又可学习日本企业管理方式的长处。也就是说，美国企业要从建立相互信任、减少监督、充分合作、注重培养人与人之间的亲密关系几个方面着手，使每个人更加努力、彼此协调起来产生最高效率。

本质上 Z 型组织文化与我们提到的双高企业文化是一致的，A 型组织文化更偏向对事的控制、个体的短期奖惩等，实则体现的是高严格，J 型组织文化更注重人的平等、自由、集体关怀等，体现的是高关怀，而 Z 型组织文化则很好地吸收了 A 型组织文化的"高严格"优势和 J 型组织文化的"高关怀"优势，解决了纯粹"经济人"效率低下的问题，通过增加对人的关怀激发出员工内在驱动力。

从企业文化起源角度可以发现，企业文化产生的背景是如何让企业产生高绩效，而产生高绩效的最佳模式是既严格又关怀。双高企业文化让企业从一开始就时刻关注两者的均衡，左手高关怀、右手高严格推动企业文化建设。

严格第一，关怀第二

正如本章一开始所说，企业文化首先是绩效导向，有了绩效导向，企业获得了发展，才有条件以人为本。而严格就是坚持选择合适的人、对高目标全力以赴、对违背价值观行为零容忍、对客户卓越交付，确保企业取得高绩效。所以在双高企业文化中，严格第一，关怀第二，严格应多于关怀。

同时严格也是最大的关怀。因为严格的目的是让组织持续发展，不断打胜仗，而打胜仗能够直接凝聚团队、鼓舞人心、激发士气，团队也能获得源源不断地荣誉、晋升与奖励。所以严格是最大的关怀，这与"打胜仗是最好的激励"相一致。

我们梳理了国内外比较知名企业的核心价值观，试图通过分析这些企业的价值观去判断企业对严格与关怀的关注情况，如表 1-4 所示。结果我们惊讶地发现，在大多数企业的价值观中严格是多于关怀的，甚至没有关怀的维度。

表 1-4 知名企业的核心价值观中严格项多于关怀项

企业名称	体现"严格"的价值观	体现"关怀"的价值观
沃尔玛	服务顾客、追求卓越、诚信行事	尊重个人
亚马逊	客户至上、创新、贵在行动、主人翁意识、节俭	高标准雇用
微软	诚信、责任	尊重
华为	以客户为中心、长期艰苦奋斗、坚持自我批判	以奋斗者为本
京东	客户为先、担当、诚信、拼搏	协作、感恩
字节跳动	敢为极致、求真务实、坦诚清晰、始终创业	多元兼容、共同成长
顺丰控股	诚信担当、成就客户、追求卓越	成就员工、创新包容
腾讯	正直、进取、创造	协作
伊利	卓越、担当、创新	共赢、尊重
吉利	求真务实、勤奋进取、协作创新	—
唯品会	客户至上、创新精进、快速高效	协作担当、简单正心
小米	真诚	热爱
新希望	规范、创新	阳光、正向
美的	志存高远、客户至上、变革创新、务实奋进	包容共协
比亚迪	竞争、务实、激情、创新	—

资料来源：各企业官方网站。

这些优秀的企业认为文化并非只是归属感，而更应该是支持企业经营绩效的利器。这种文化首先是严格的，比如华为的奋斗文化、亚马逊的残酷文化以及新兴互联网企业的高压文化。

易于落地的双高企业文化

相对于其他的企业文化模型，双高企业文化抓住了优秀企业文化的本质，更容易落地。

第一，双高企业文化聚焦于"严格"与"关怀"两个关键维度，保证方向的正确，避免"包罗乱象"。

第二，双高企业文化仅从"严格"与"关怀"两个方面落实行动，避免言行不一、脱离实际。

让企业文化内容清晰简洁

很多企业认为企业文化倡导得越多越好，越多越能影响员工。无论企业规模大小，企业围绕文化都有定位、理念、精神、作风等各个方面的内容，大大小小十几项，每一项下面又有对该项进行的阐释。

总结下来这类企业文化的表现就是：内容太多、篇幅过长，应有尽有、没有重点，文字晦涩、难读难记。最后导致的就是企业不知道如何推广，员工也记不住且不知道企业真正的导向，文化仅停留在"文字"层面。企业绝不会因为文化多而表现好，卓越企业的文化是简洁的、关键的、有内在关联的，所以，要让企业文化落地，首先要从不相关的复杂转向有重点的简洁。

只有让企业文化内容清晰简洁，抓住企业文化的本质，才能从根本上解决企业文化落地的问题，发挥其应有的价值。能够持续支撑企业增长的企业文化本质是高关怀与高严格，只要抓住这两个方面且长期持续打造，企业文化必然会在这两个方面体现效果，也就推动了企业文化向双高文化的方向转变，进而通过双高文化持续推动企业发展。

持续坚持聚焦于严格与关怀两个维度，企业所有的文化行动就都仅围绕这两个方面进行，资源精力更加聚焦，也就避免了陷入企业文化"包罗乱象"、过于复杂，什么都想体现，什么都落地不了，没有任何价值的局面。

让企业文化落地简单直接

企业文化难落地的原因在于：企业文化以一种虚拟的形式隐藏在群体中，很难通过一种抓手来实现有效管理。正因为如此，很多企业经常出现两种情况：一是认为文化是虚的，无从下手；二是注重通过活动来落地文化，甚至把文化当成一种活动，认为企业文化就是搞好活动，让员工轻松一下，一月元旦晚会，二月年会，三月集体婚礼，四月爬山，五月运动会……每场活动都很隆重、装饰华丽、场面盛大。

最后发现活动与企业倡导的文化内涵不直接相关，没体现企业的核心价值观，员工把活动理解成福利，没明白活动与文化倡导的意图，更不要说影响员工直至影响员工的行为。以上两种情况会让员工认为企业倡导的与实际做的并不是统一的，文化停留在口号层面。

双高企业文化每个维度都是具体可执行的。双高企业文化的两个关键维度下都有具体的细分维度，每个细分维度都有明确的含义与具体特征，企业很容易针对每个维度制定出具体可执行的行动举措。例如"坚持选择合适的人"是高严格子维度之一，那么如何在高标准选人上制订行动计划就是具体可行的。

每个企业都可以针对双高制订出系统的行动计划，避免了企业在文化落地上无从下手或仅仅开展文化活动的情况。事实上，我们可以发现，优秀的企业如奈飞、华为等，也是从各个维度去制定并落实具体的行动举措才使得企业文化深入人心。

双高企业文化诊断量表

企业家们首先需要通过对企业文化的诊断来全面了解企业的文化特征，之后才能有的放矢地采取措施打造双高企业文化。双高企业文化诊断，是以卓越企业的双高企业文化特征为依据，系统评估企业文化的过程。通过双高企业文化诊断量表（见表1-5）可以发现企业的文化特征，进而制订提升文化的计划与举措。

表1-5中1~12项为高严格维度，计算此12项平均分，13~21项为高关怀维度，计算此9项平均分。

- 如果两个维度平均分都大于或等于4.5分，则判断企业为双高文化。
- 如果高严格维度平均得分小于4.5分，高关怀维度平均得分大于或等于4.5分，则为低严格、高关怀的文化特征，常常表现为和气文化。
- 如果高关怀维度平均得分小于4.5分，高严格维度平均得分大于或等于4.5分，则为高严格、低关怀的文化特征，常常表现为严苛文化。
- 如果两个维度平均分都小于4.5分，则为低严格、低关怀的文化特征，常常表现为松散文化。

表 1-5 双高企业文化诊断量表

序号	双高文化诊断		1 完全不同意	2 不同意	3 略有异议	4 基本同意	5 同意	6 完全同意
1	坚持选择合适的人	企业有明确且达成共识的用人标准						
2		企业招聘的新员工的质量总是超过现有50%的同等人员						
3		一旦发现员工不胜任，企业会果断进行调岗或淘汰						
4	对高目标全力以赴	企业坚持持续增长，不论外部环境好与坏						
5		企业制定高于同行平均水平的增长速度						
6		为高目标的达成，企业上下竭尽全力配置资源、投入人力与时间						
7	对违背价值观行为零容忍	企业拥有清晰价值观，并以价值观为日常工作判断和决策的标准						
8		企业严格要求员工将核心价值观作为行为准则						
9		员工一旦出现严重违背企业价值观的行为，企业会果断严厉惩罚与淘汰						
10	对客户卓越交付	企业持续努力为客户提供质优价廉的产品与服务						
11		企业会持续投入研发资源满足客户新需求						
12		企业会不断为客户提供超出期望的产品与服务						
13	高于市场水平的薪酬	企业始终为员工提供高于市场水平的薪酬						
14		企业采用高固定的薪酬结构						
15		企业有每年定期加薪的机制						
16	3倍速培养	员工的成长速度高于同行						
17		管理者投入大量的时间培养员工成长						
18		企业为员工的成长投入大量的资源创造机会与条件						
19	走心的关爱	当员工表现出色时，能够及时得到企业的认可与表扬						
20		企业为员工创造轻松、愉快、平等的工作环境						
21		企业关注员工的身心健康并采取具体的措施						

注：序号1-12为"高严格"，13-21为"高关怀"。

■ 关键发现

- 企业文化首先是"绩效导向"而不是"以人为本"。
- 高严格表现在坚持选择合适的人、对高目标全力以赴、对违背价值观行为零容忍、对客户卓越交付。
- 高关怀表现在给予员工高于市场水平的薪酬，对员工进行3倍速培养，同时给予员工走心的关爱。
- 双高文化中，严格要多于关怀，严格也是最大的关怀。
- 双高文化能够让企业文化内容清晰简洁，让企业文化落地简单直接。

Dual "Highly"
Corporate Culture

第 2 章

绩效导向的"高严格"

> 我们是个团队,不是个家庭。
>
> ——《奈飞文化手册》

第 1 章提到,双高企业文化首先是绩效导向,因此我们将高严格放在首位,也就是说企业文化的建设一定是为企业存在的目的而服务的,是为了实现企业的经营目标,为了给客户提供最优质的产品和服务,为了让股东实现高回报的投资,为了使员工实现个人物质和精神双方面的提升,也为承担社会责任。

坚持选择合适的人

我们一直提倡"先人后事"的理念,先有了合适的人,才能做出成功的事。特别是在这个人才争夺日益激烈、人力资本价值日益凸显的时代,人才选择应该成为企业经营管理事务的重中之重,选择什么样的人、激励什么样的人，本身就是企业文化的体现。

吉姆·柯林斯在《从优秀到卓越》中反复强调，"先人后事"是企业必须严格遵循的原则：不仅要得到合适的人，更重要的是要让"让谁做"这一问题先于"做什么"这样的决策，即得到合适的人先于愿景、战略、组织结构和技术问题。

双高企业文化中"高严格"首先体现在对人的选择上要宁缺毋滥，要选择合适的人。合适的人一是指认同和遵守企业的价值观的人；二是指能力和企业的岗位要求相匹配并持续带来高绩效的人。通过价值观和能力二者的适配，最终能支持企业经营目标达成的人，才是企业真正需要的合适的人。

奈飞的企业文化中明确提出勤奋工作不足以作为他们对优秀员工的定义，"我们不会将花了多少小时工作，或者有多少人待在办公室里作为衡量员工和团队的标准""我们只在意是否取得了伟大的工作成就""保持A级的工作输出，追求最大效用，将会被委以重任，酬以重金"。

因此，要塑造"高严格"的企业文化，一定要坚持选择合适的人，这需要我们一方面严把进人关，另一方面对不合适的人当机立断，坚决淘汰，持续提高人才密度。

严把进人关

坚持选择合适的人，首先在于严格控制进人的关口。《合伙人》一书中提道："大多数企业用2%的精力招聘，却用75%的精力来应对当初招聘的失误。"严把进人关，可以让企业有更多合适的人加入，从而有很多合适的人认可企业的文化，增加企业文化的浓度。

德锐咨询的人才画像招聘法（见图2-1）认为，企业要想招到合适的人，必须具备人才吸引能力、人才定义能力、人才甄别能力。

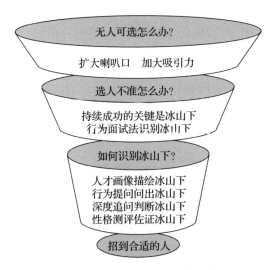

图 2-1　德锐咨询人才画像招聘法

企业要从以下三点做到严把进人关：

首先，对于人才的吸引能力要足够强大，才能百里挑一。

其次，对于人才的标准要通过人才画像精准定义，冰山下素质要缺一不可。

最后，一定要选拔一批面试能力过硬的金牌面试官，让他们去把好人才关。

为了便于大家对严把进人关的掌握和操作，我们接下来做进一步详述。

第一，百里挑一选人才。

"先人后事"中的首要原则就是宁缺毋滥，企业在出现岗位空缺的时候，一定要通过各种途径扩大喇叭口获得足够多的人才选择量，然后精心挑选合适的候选人，而不能放松标准、简化流程、拿来就用。

评价一个企业的招聘能力最有力的数据就是从多少个候选人中挑

选一名员工。优秀的企业在选择人才的时候，都是百里挑一，甚至千里挑一，以此来保证人才的质量。

2019年，腾讯校招接收了几十万份简历，但最终发的offer只有3000多份，录取率不超过3%。2020年这一比率更低，尤其是门槛较低的非技术类岗位。

谷歌对人才的苛刻选拔是众人皆知的，真正做到了千里挑一。

录取率仅1‰的谷歌招聘

谷歌有多受毕业生青睐？知名职业评价网站Glassdoor发布的2019年"最佳工作场所"（2019 Best Place to Work）榜单中，谷歌位列第五。

不过，尽管谷歌受到这么多年轻人的青睐，但是谷歌的招聘录取率仅为1‰。谷歌每年收到近300万份竞聘者简历，而最后录取人数仅为3000人，算起来比进哈佛大学难多了（哈佛大学2019年录取率为4.5%）。

谷歌的职业页面把进入谷歌工作的过程描述得异常简单，只有三步！

Apply—Interview—Decide（申请—面试—决定）。

这简单的三步背后的潜台词是，谷歌的面试非同寻常。

据说，谷歌前CEO，也就是谷歌的母公司Alphabet现任CEO——桑达尔·皮查伊（Sundar Pichai）在2014年应聘产品部门的高级副总裁（SVP）时，一共经历了九轮面试。

时任谷歌人力运营副总裁拉斯洛·博克（Laszlo Bocks）曾经表示，一个职位的招聘通常会花上6~9个月的时间，应聘者可能要经历15~25场面试。

时任谷歌大中华区人力资源经理张莉在"2010中国IT人力资源管理高峰论坛"上透露,谷歌招聘的录取比例为千分之一,在谷歌过去四年的招聘中,猎头公司的推荐成功率几乎为零。张莉称,猎头公司推荐的人才,在技术考试中都不是很理想,相比之下,谷歌70%的员工来自内部推荐。

因此,我们建议企业在招聘人才的时候,一定要秉持宁缺毋滥的原则,坚持百里挑一甚至千里挑一的高标准,通过科学的选人方法(可参考德锐咨询书《精准选人:提升企业利润的关键》中的"精准选人六道关"),选到让企业称心如意的人才。

第二,冰山下缺一不可。

德锐咨询已经在《聚焦于人:人力资源领先战略》一书中反复强调员工冰山下的胜任力素质,强调冰山下素质对员工绩效的长期决定作用,也告诉大家"放宽冰山上,坚守冰山下"。

不过很多企业在真正选人的实践中,并没有严格落实对冰山下素质的坚守。针对人才画像中的冰山下素质,很多企业觉得,只要候选人大部分素质项符合岗位要求,就可以放心地录用了,对人才不能吹毛求疵,否则就招不到人了。

其实,冰山下的素质就如人体的五脏六腑一样,哪怕大部分脏腑都是健康的,但只要有一两个脏腑出现问题,就不能保证人体的健康,而如果是关键的脏腑出问题,还会危及人的生命。从德锐咨询自身的选人用人实践来看,冰山下的素质缺一不可,否则一定会带来各种各样的用人隐患。

忍痛放弃素质项五缺一的咨询顾问

德锐咨询曾经招聘过两名咨询顾问,他们的大部分素质都能满足咨询顾问的五项特质（先公后私、聪慧敏锐、钻研探索、影响推动、卓越交付，见表2-1），但他们都有一项关键的素质太薄弱。

表2-1 德锐咨询顾问人才画像卡

人才画像卡		
岗位名称	咨询顾问	
冰山上（学历、经验、技能）	学历：硕士及以上 专业：不限 经验：不限	
冰山下素质（价值观、素质、潜力、动机、个性）	素质项	精准提问话术
	先公后私	1. 请分享，面对个人利益与组织利益发生冲突时，你成功处理的事例
		2. 请分享，遇到别人做出损害公司利益的事情，你正确处理的事例
		3. 请分享，你曾经为了完成工作目标而做出的个人牺牲最大的事例
	聪慧敏锐	1. 请分享，你比其他人更快速发现问题本质的事例
		2. 请分享，你快速解决一个复杂问题的事例
		3. 请分享，你临场快速反应，解决多方利益纠纷的事例
	钻研探索	1. 请分享，你主导解决的最复杂的技术性问题的事例
		2. 请分享，你发现并引入一项创新，为公司带来重大突破的事例
		3. 请分享，你通过不断学习新知识和新技能提升工作效率的事例
	影响推动	1. 请分享，你成功影响他人接受产品/方案，给公司带来巨大收益的事例
		2. 请分享，与上级观点/做法有分歧时，你成功说服上级的事例
		3. 请分享，他人不配合的情况下，你依然如期推进工作的事例。
	卓越交付	1. 请分享，同样一件事，比过去完成得更好的例子
		2. 请分享，同样一件事，比同事或同行做得更好的例子
		3. 请分享，你做过的超出客户要求或期望的例子

1. 缺少钻研探索的咨询顾问甲

咨询顾问甲先公后私程度非常高，对公司非常认可，愿意承担，也积极主动帮助其他同事。因为之前担任过甲方人事管理工作，所以沟通能力和推动能力都很强。不过他的钻研探索能力却有点儿薄弱，理解公司咨询理念有点儿困难。

有一次，项目总监带他出去谈项目，当客户和项目总监已经观点一致的时候，他突然发表了自己的一些见解，逻辑混乱，而且和项目总监的观点竟然不一致，当时项目总监和客户都非常惊诧。还好项目总监经验丰富，巧妙应对，才化解了一场尴尬，避免了一场信任危机。后来，又接连发生过类似的事情多次，给公司造成负面的影响，归根结底还是理解能力和钻研探索能力较弱，无法在短时间内理解德锐咨询的理念、方法和工具。

最后，咨询顾问甲自己也感到非常吃力，和公司也主动做了沟通，协商解除了合同，他也去从事更适合自己的工作了。

2. 缺少先公后私的咨询顾问乙

咨询顾问乙和咨询顾问甲则正好相反，她很聪明，钻研探索能力极强，不仅能很快理解、掌握德锐咨询的理念和工具，而且还能很快创新很多新的工具和方法，可以说是绝对的"学霸"。而且，她的影响推动也很强，需要她协调的事情，她都能左右逢源，调动一切资源去完成。

不过可惜的是，这样优秀的一名咨询顾问，她的先公后私意识很差，会过度关注自己，以自己的利益为首要考量，和自己利益相冲突的时候，是绝不肯做半点让步的。

由于缺乏先公后私，她在公司几乎没有什么朋友，连吃饭都是一个人孤零零的。第一个带她做项目的项目经理在和她共事一段时间后，为难地说："让别人去带她吧，管不住她。"后来公司经过了解，发现她虽然很聪明，但是强调自己的工作和生活平衡，周末的时间不要打扰她。渐渐地，项目经理都不愿意再带她了。

最后，公司也不得不忍痛和她进行了坦诚沟通，协商解除了合同。

因此，对于冰山下的素质，我们一定是缺一不可的，这是越来越高的工作要求本身决定的。

第三，让金牌面试官把关。

人才选拔的三大核心能力中，人才甄别能力是最关键的，人才甄别最核心的举措是培养一批具有识人慧眼的金牌面试官，让金牌面试官对人才进口进行严格把关。

亚马逊的面试"把关人"

众所周知，亚马逊始终坚持对人才招募的极高标准，通过严谨的招聘流程、精心设计的自我选择机制、独具特色的用人留人方法，打造自我强化的人才体系，持续提升组织整体的人才水平。

为了招到具有实干家（既有创新，又能实干）、主人翁（着眼长远，极有担当）、内心强大（特能扛事，特能抗压）素质的员工，贝佐斯身先士卒，亲自飞往美国各个城市寻访顶级的技术人才，他反复强调：在亚马逊，最重要的决策，就是招人。

随着公司规模的扩大，贝佐斯已经无法亲自面试每位候选人，于是亚马逊选拔了一批"把关人"，通过把关人来确保人才质量，这些把关人，需要满足三条标准：

一是在识人方面眼光敏锐，的确有过人之处。

二是不会因为业务压力而降低标准，相反还会持续提升标准。

三是最重要的一条，就是他们自己就是内心强大、极具主人翁意识的实干家，真正坚信并亲身践行亚马逊的组织文化及领导力原则。

能被选拔成为把关人，是一种无上的光荣。这些把关人主要承担三方面的职责：

首先是面试，就是根据亚马逊的用人标准，评估判断候选人是否适合亚马逊。

其次是决策，就是把关人要与每一位面试官进行深入细致的沟通探讨，在综合所有人意见的基础上，做出招还是不招的决策。

最后是反馈指导，就是在招人决策做完后，需要对每位面试官提出反馈意见，帮助他们持续提升招人水平，而且反馈意见还得是书面的。

由此可见，把关人不仅责任重大，工作量也相当大。

正是凭借着贝佐斯和亚马逊培养的一批把关人，亚马逊才能在每年大量的招聘中控制人才的质量，保证亚马逊的人才水平。

资料来源：《贝佐斯的数字帝国》。

正如亚马逊对于把关人的严格要求，德锐咨询作为知识型企业，对于人才的综合素质的要求也非常高。德锐咨询在每年大量的咨询顾问的招聘中，会不断培养德锐咨询的金牌面试官，来进行人才的把关。

德锐咨询严格筛选和培养金牌面试官

德锐咨询的金牌面试官资格必须是项目经理及以上，对于公司的文化要非常认可，对于公司的业务和人才标准要非常熟悉。

认证面试官都是由董事长李祖滨先生和人力资源总监担任。每场面试认证后，认证官都会认真填写"面试官评估反馈表"，为被认证面试官详细反馈面试表现和提出改进建议。

除了每场面试的实战演练和反馈指导外，还建立了金牌面试官认证群，里面会及时公布公司面试场次，让待认证的面试官可以根据自己的时间旁观学习。同时，群里也会定期分享面试官的心得与经验，大家可以在互相交流中迅速提升面试水平。

只有经过了多轮的面试演练，才可以参加面试官认证。一次不过，就两次，两次不过，就三次，直到完全达到标准才能通过，所以公司金牌面试官的通过率一直都控制在 30% 以下。尽管这样，宁愿少一个面试官，公司也绝不会降低认证标准。

德锐咨询除了对自己的面试官进行高标准的选拔、培养、认证，对客户公司的面试官选拔也会保持同样的高标准。德锐咨询曾经服务过的一家大型医疗器械生产公司，每年需要招聘几千名新员工，如此大规模的招聘对于面试官的需求非常大。在实施金牌面试官项目时，该公司为了保证面试官的认证通过率，明确规定，"金牌面试官认证如果不通过，本部门没有面试权，本部门用人由其他部门面试"，通过这样的高标准、严要求的方式，该公司认证了一大批面试能力过硬的金牌面试官。

对不合适的人当机立断

"先人后事"理念中的一项原则是：一旦发觉换人之举势在必行，就当机立断，宁愿岗位空缺，也不能让不合适的人在岗位上。在组织发展的过程中，难免出现不合适的人，一般不合适的员工有以下三种类型。

第一类是业绩不佳但价值观符合者。

第二类是价值观不符合但业绩尚可者。

第三类是价值观不符合、业绩也不佳者。

其实，业绩不佳的员工改变空间还比较大，对于冰山下的素质不符的员工，要想改变是比较困难的，对于其价值观的改变更是难上加难。不合适的人越多，公司的价值观和文化就越难以被践行，就会逐步稀释企业文化，造成对企业文化的破坏。

实施双高企业文化的企业都在严格践行对于不合适员工的果断处理。奈飞一方面不断选择优秀的人才加入，另一方面也在不断对于不合适员工进行淘汰，"确康健才"结构始终处于顶级配置。

在奈飞，"仅仅做到称职的员工，也要拿钱走人"，他们内部有管理者对员工的去留测试："我手下的员工，如果有人要辞职去同业公司做类似工作，有哪些人是我会拼命挽留的？如果不是，那么这样的员工我只能让他拿钱走人，这样才能空出位子，为团队找到明星员工。"当然，奈飞内部也有一些很有才能但却恃才傲物，与团队不能和谐相处的员工，在奈飞被称为"不羁天才"，奈飞认为这类员工会使得保持团队效率的代价太大，因此也会坚决请他们走人。

对于不合适的人，我们建议当机立断，及时采取干预措施，而不能寄希望于让这些不合适的人主动改变。就像英国前首相丘吉尔的名言："作为领导者，不要以为问题会随着时间的推移而自行解决或消失。"因此，我们针对三类不合适的人提出了不同的处理建议。

第一类，业绩不佳但价值观符合者。这类员工也可再细分为三种情况。

第一种情况是新入职或新晋升或转职到新岗位的人，对于这类员工，可以制订详细的业绩提升计划，配备导师或教练，给予2～3个月的过渡期，帮助其尽快进入角色。如果过渡期满，业绩依然达不到要求，及时予以淘汰或转回原岗位。

第二种情况是本人非常想做好，也很努力，但因能力有限，达不到要求，跟不上公司的发展速度，也出不了业绩。对于这类员工，可以评价其真正的实力，并调至合适的岗位，做到人岗匹配，最大限度发挥其价值，而不是拔苗助长，过高的期望不仅会让员工吃力，也会让企业的业绩受损。

第三种情况是混日子的"老油条"，上下通达、左右逢源，就是没业绩。对于这类员工，如果不能改变，要坚决予以清除，因为他们对其他人的影响很大，长此以往，对组织的破坏也很严重。

优秀企业对于这些绩效待改进的员工，通常会采用业绩改进计划（performance improvement plan，PIP，见表 2-2）。

表 2-2　业绩改进计划表（示例）

业绩改进计划表（PIP）				
员工信息				
姓名：张三	部门：百里花园案场		岗位：置业顾问	绩效等级：C
入职日期：2018 年 7 月			直接上级：李四	
改进期限				
开始日期：2019 年 2 月			结束日期：2019 年 3 月	
改进计划				
改进项目	行动计划	衡量标准	完成时间	完成结果	达标状况
房产销售	1. 和销售精英学习销售技巧	2 次	2019 年 3 月	完成房产销售 13 套	达标
	2. 做好新客户蓄水，提高来访登记新增客户数量	30 组	2019 年 3 月		
	3. 传单发放	500 份	2019 年 3 月		
文案撰写	1. 阅读行业分析报告	3 份	2019 年 3 月	提交房地产行业分析报告 2 份	达标
	2. 阅读房地产书籍	2 本	2019 年 3 月		
	3. 向案场销售前辈请教房地产市场趋势	3 位	2019 年 3 月		

（续）

业绩改进计划表（PIP）			
改进回顾			
回顾阶段	直接上级反馈	直接上级签字及日期	员工签字及日期
30 天	完成	李四	张三
60 天			
90 天			

第二类，价值观不符合但业绩尚可者。这类员工也可再细分为两种情况。

一种情况是价值观与企业不相符，针对这类员工，可以进行企业文化及价值观的培训，制订改善计划，我们知道价值观的改变非常难，但也不是不可能，如果真的有决心改变，还是可以继续为企业创造价值的。如果判断不能改变，则不能因为业绩留下他们，否则未来会给企业造成很大的麻烦。

第二种是某些素质要求或潜力跟不上，比如年纪偏大，可以调至合适的岗位发挥余热，或者提前退休。

第三类，价值观不符合、业绩也不佳者。这类员工我们的建议是让他们选择与其相匹配的企业和岗位，让他们在合适的地方实现自己的价值。

其实，企业淘汰人的难度不在于识别，而是在于实施淘汰，这就需要企业建立机制持续跟进。对于不合适的员工一定要尽早发现、及时处理，一般可以针对不合适员工进行高频率跟进盘点，并制订针对性的任用计划和行动计划。

通常企业对员工的改进不会非常重视，甚至认为员工身上的问题会随着时间的推移自行解决或消失。这种期待与幻想往往得不到员工问题的解决。企业的人力资源部可以利用表 2-3 给出的"双周盘点跟踪表",针对存在问题的员工,进行双周跟进,向存在问题员工的上级、导师或资深的同事征集意见,再由指定的员工上级、导师或人力资源部同事对问题员工本人予以反馈。

表 2-3 双周盘点跟踪表(示例)

姓名	盘点结果	素质(高、中、低)					业绩(高、中、低)			意愿判断	方法判断	任用计划	行动计划(SMART)
		先公后私	钻研探索	卓越交付	影响推动	聪慧敏锐	贡献	及时	质量	有无意愿	有无3个月见效的方法	鼓励观察/淘汰	
张三	3 业绩待提升	高	中	中	中	中	中	中	中	有	有	鼓励观察	"卓越交付"相比上一周期从低提升到中,有进步趋势: 1. 按要求快速学习,1个月内达到对人力资源基本知识的熟悉,已经反馈学习提升要求 2. 加入××项目组,并根据项目任务要求学习,导师提出专项改进要求
李四	4 素质待提升	低	中	中	低	中	中	中	中	有	无	淘汰	"先公后私"和"影响推动"相比上一周期变化不大。连续一个半月,口头上有提升改进意愿,行动上没有具体改进
王五	2 中坚力量	高	中	中	中	高	高	中	中	有	有	鼓励观察	"影响推动",经过提醒和辅导有改进的意愿,有进步趋势,正在进行两项计划: 1. 阅读《情商与领导力》 2. 主动向上级寻求反馈

除了以上对人员的分类处理方式，我们还可以用"人员用留经典二问"来判断是不是合适的人。

人员用留经典二问

问题一：如果这个时候让你再做一次当初聘用的选择，你的选择是聘用他/她吗？

问题二：如果这个人这时候对你说他/她要辞职，你是非常想挽留他/她吗？

两个问题都回答"是"，则重用"他/她"。

两个问题都回答"否"，则放弃"他/她"。

如果两个问题一个是"是"，一个是"否"，则再问自己第三个问题"我想挽留的是他/她这个人，还是在他/她身上的投入"，如果是他/她这个人值得挽留，则留下，如果不舍得的是在他/她身上的投入，则要果断放弃。

提高人才密度

奈飞创始人兼 CEO 的新书《不拘一格》中有一个概念，叫人才密度。什么是人才密度呢？简单地说，就是在一个组织中，优秀人才占所有员工的比例。也就是说，优秀人才越多，组织的人才密度越高，人才密度越高，践行企业文化的人越多，企业文化浓度也越高。提高人才密度的经典范例，奈飞公司当之无愧。

由于人才分布的特点，这个比例通常在 0~1 之间。当人才密度接近 0 的时候，组织内部就会出现无人可用的局面，人才无法流动，相互之间没有学习，呈现出死气沉沉的令人压抑的氛围。当人才密度接近 1 时，组织内人才充沛，人才也会频繁轮岗、相互交流，人才与人才之间会对信息互通有无，有效信息的丢失率会大幅降低。

从人才盘点结果来说，1类（超级明星）和2+类（核心骨干）的员工，我们称为优秀员工（见图2-2），一般来说，团队中优秀员工占比不到20%，正是这20%的优秀员工，引领着公司的发展，他们不仅价值观与公司完全匹配，能力业绩也超越期望。如果我们没有很好地激励他们，没有将资源倾向于他们，那么这些优秀的人才只会有两种情况：一是离职，去寻找更能发挥他们价值的地方；二是慢慢变平庸，甚至还会成为问题员工。另外，盘点结果为2类的中坚力量员工中，也有一部分潜在的2+类员工，对这部分人加以关注和培养，假以时日，他们会很快成长为优秀员工。

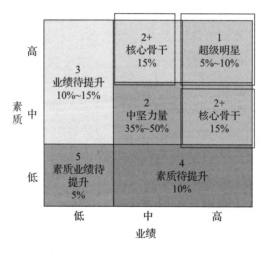

图2-2 人才盘点九宫格

$$人才密度 = \frac{超级明星人数 + 核心骨干人数}{员工总数}$$

$$人才合格率 = \frac{超级明星人数 + 核心骨干人数 + 中坚力量人数}{员工总数}$$

为了提高人才密度，除了不断招聘行业中的顶尖人才和淘汰不合适的人之外，还需要投入更多资源去培养优秀的人，让他们承担更多的职责、担负更重的任务，赋予其更大的挑战（见表2-4），充分发挥他们的潜能，这是对他们最大的激励。

表2-4 优秀人才的培养方式

参考分类	任用计划
轮岗	针对优秀员工、重点培养对象 侧重对员工能力的全面发展
扩大工作职责	针对优秀员工、重点培养对象多为承接上级或新的工作任务
赋予挑战性任务	给予有难度的工作，设定高目标
导师带教	侧重提升"意愿度、专业技能"等指定导师有帮带义务，要制订帮带计划，要有帮带成效
向高手学习	侧重于让员工自主自发向某些优秀员工学习

最后，对于优秀的人要快速晋升，需要让他们去承担更大的责任，实现他们的职业发展目标，同时牵引公司更快发展。

对高目标全力以赴

《愿景引领成长》中提到，那些优秀和卓越的公司，那些实行"高严格"企业文化的公司，都有着崇高的使命和伟大的愿景，不断地追求卓越，永争第一。吉姆·柯林斯在《从优秀到卓越》中列举的实现跨越的公司，比如雅培公司、吉列公司、沃尔格林公司、富国银行等，和那些相对平庸的公司相比，永远因强烈的创造欲望和追求卓越的内在激励而前进，而那些平庸的公司是因为担心落后而鞭策自己前进的。

《创始人精神》一书中揭示了企业持续增长的秘密，长期保持高绩效的企业所展示出的创始人精神特征的数量是低绩效企业的4～5

倍，企业实现持续增长的原因通常都可以归结为创始人在企业初期的正确方略，企业发展到一定规模时，依然保持着创始人精神的内在特点。创始人精神主要包括保持初创的斗志、主人翁意识、保持对一线的痴迷，其中保持初创的斗志排在创始人精神的第一位，包括有远大清晰的使命、不受限的视野以及追求卓越。这些企业一直有追求高远目标、不断突破和挑战自己的信念和意志，只有如此，企业才会通过自己的不断革新，对抗组织和人员的熵增，成为持续奋斗的企业。

只有增长才能扩大企业规模，才能给员工提供晋升与加薪的机会，如果没有增长，优秀的员工就会离开企业，转向其他企业寻找机会。

秉持增长的意志

稻盛和夫先生说过，"内心不渴望的东西，不可能靠近自己"。也就是说，不管是一个人还是一个企业，一定要对前途充满信心，满怀希望，有成功和必胜的信念，这样才站在了成功的起始点，否则即使一个人再有才华和机会，一个企业再有资源，最后也难以成事。我们常说一个人"哀莫大于心死"，一个企业"丧失了斗志"，就是缺乏或者失去意志的一种表现。

因此，一个企业要始终坚持高增长的目标，首先得对企业的前景充满信心，有必胜的信念和意志。吉姆·柯林斯提出的斯托克代尔悖论的要点就是对前途充满信心，坚持一定会成功的信念，同时又直面残酷的现实。

斯托克代尔的故事

斯托克代尔是美国的一个海军上将，在越南战争期间，是被俘的美军里级别最高的将领。但他没有得到越南的丝毫优待，被拷打了20多次，关押了长达八年。他说："我不知道自己能不能活着出去，还能不能见到自己的妻子和小孩。"但是他在监狱中表现得很坚强。越南人有一次为了表现他们优待俘虏，把他养了一段时间，准备给他拍照。结果斯托克代尔就自己用铁条把自己打得遍体鳞伤，并用刀片把自己的脸割破。越南人拿他没办法，只好放弃了。他为了鼓励监狱中的同胞（一个人关一间，彼此看不到），就发明了一种密码，通过敲墙用快慢节奏来表达英文字母。有一次一位战俘因思念家人掩面痛哭，全监狱的战俘通过敲墙，用代码敲出了"我爱你"，那个战俘非常感动。

斯托克代尔被关押八年后放了出来。吉姆·柯林斯去采访他，问："你为什么能熬过这艰难的八年？"斯托克代尔说："因为我有一个信念，相信自己一定能出来，一定能够再见到我的妻子和孩子，这个信念一直支撑着我，使我生存了下来。"吉姆·柯林斯又问："那你的同伴中最快死去的又是哪些人呢？"他回答说："是那些太乐观的人。"吉姆·柯林斯说："这不是很矛盾吗？为什么那些乐观的人会死得很快呢？"斯托克代尔说："他们总想着圣诞节可以被放出去了吧，圣诞节没被放出去；就想复活节可以被放出去，复活节没被放出去；就想着感恩节，而后又是圣诞节，结果一个失望接着一个失望，他们逐渐丧失了信心，再加上生存环境的恶劣，于是，他们郁郁而终。"斯托克代尔说："我有一个很强的信念，相信自己一定能够活着出去，一定能再见到我的妻子和小孩；但是我又正视现实的残酷。"

吉姆·柯林斯说：斯托克代尔悖论是持续50年保持在世界500强行列的企业全部采用的理论。它们之所以能常青50年，是因为它们对前景充满乐观，相信前途一定是光明的，但是又直面现实的残酷。

资料来源：《从优秀到卓越》，"斯托克代尔悖论"。

在分析新冠疫情下不同企业的经营表现后，我们对企业的逆势增长做了一次线上的演讲。

逆势中增长意志

三流的企业增长靠大势。

二流的企业增长靠实力。

一流的企业增长靠意志，靠的是不论环境好坏都能增长的意志。

好环境下的增长没什么难度，也没有什么可说的，关键的是逆势增长。要做到逆势增长，不可能顺风顺水，不可能轻松"躺赢"，不可能随波逐流。要做到逆势增长，就应该是：

大家观望等待，它开始行动。

大家认为增长无望，向市场投降，它给自己逆势也要增长的自我要求，能为不到1%增长的可能性投入100%的努力。

大家都在寻找一招就灵的增长妙方，它在为赢得增长打磨细节，不辞辛劳、夜以继日、奋力突破。

大家都在只顾眼前利益，它一直牢记使命、着眼未来，不为短期利益所动。

大家认为增长是经济环境、市场环境决定的，它坚定地认为增长是企业自己决定的，并制定了"每年保持不低于增长20%"的目标。

它的所作所为都是在违反人的本性，都是走出舒适区，做自我突破。企业自我突破是不舒适的，甚至是非常难受的，这就需要有坚强的意志才能做到。一流的企业是在逆势中也要增长，也能增长的企业。因此，一流企业的增长最根本靠的是意志。

坚持高速增长

企业究竟怎样制定增长速度？

怎样的增长速度才算是高增长？

优秀的企业是怎样高增长的？

这些是很多企业在确定增长目标时经常遇到的困惑。

针对这些问题，我们对关于美国优秀企业增长速度的文献做了研究，有了以下发现：优秀企业在不同规模阶段，都是增长速度领先的企业。

美国优秀企业在不同规模阶段的营收复合增长率如表2-5所示。

表2-5 美国优秀企业在不同规模阶段的营收复合增长率

规模	营业收入	复合增长率	资料来源
优秀企业初创期	0到2500万美元	133%	美国科技界著名投资人朱尔斯·莫尔茨和帕尔萨发表的文章《你应该增长多快？》
优秀企业小规模阶段	1.5亿美元到5亿美元	38%	
优秀企业中规模阶段	1亿到10亿美元、100亿美元	32%	基思·R.麦克法兰《突破之道》
优秀企业大规模阶段	600亿美元以上	10%~20%	吉姆·柯林斯《选择卓越》

美国科技界著名投资人朱尔斯·莫尔茨和帕尔萨发表的文章《你应该增长多快？》中总结：

1.准备上市的公司在公司较小规模的时候必须保持较高的增长率，将增长率保持在20%以上，才有可能上市。

2.已经成功上市的公司，营业收入在0到2500万美元规模阶段时的复合增长率达到了133%。

3.已经成功上市的公司，营业收入在1.5亿美元到5亿美元规模阶段时，复合增长率为38%。

基思·R.麦克法兰在《突破之道》一书中总结9家从1亿到10亿、100亿规模营业收入的Inc.500强（美国先锋500强），复合增长率在32%。

吉姆·柯林斯在《选择卓越》一书中提到了微软、英特尔、西南航空等7家10倍速公司，它们的营业收入规模都超过600亿美元，还依然保持10%～20%的增长。

很多的企业都在学习华为，但不知道如何学习华为。我们认为企业在制定增长速度方面，应该参考华为在相应规模阶段的增长速度。

华为的高速增长

华为1987年成立，1988年营业收入达到533万元，一直保持着高增长速度，快速突破了1亿元、10亿元、100亿元和1 000亿元的规模（华为在不同规模阶段的营业收入复合增长率如表2-6所示）。

表2-6 华为在不同规模阶段的营业收入复合增长率

年份	营业收入（元）	每增长10倍所用时间	复合增长率
1988年	533万	/	/
1992年	1亿	4年营业收入超过1亿元	4年复合增长率108%
1995年	15亿	3年营业收入超过10亿元	3年复合增长率146%
1999年	120亿	4年营业收入超过100亿元	4年复合增长率68%
2008年	1 252亿	9年营业收入超过1 000亿元	9年复合增长率30%
2020年	8 914亿	12年营业收入接近10 000亿元	12年复合增长率18%

企业每年应该基于什么确定增长速度？我们认为要基于以下四点：

第一，企业愿景。

第二，阶段性的战略目标。

第三，企业的历史增长业绩。

第四，行业特点。

大多数企业都会考虑第二点、第三点、第四点，往往会忽视第一点——"企业愿景"。这正是普通企业和优秀企业的差别。优秀的企业把愿景作为制定增长目标的第一参考依据。有的企业老板希望目标越高越好，职业经理人希望越低越好，究竟是高还是低，这要看企业想成为什么样的企业。企业要防止制定愿景时很兴奋，但是制定目标的时候情绪不是很高涨。

1995年上海宝钢提出成为世界500强企业的愿景，以此作为每年增长目标的确定依据，2004年成为世界500强企业。

2005年龙湖地产提出"2015年成为最受尊重和信赖的领先房地产企业"，并以此作为每年增长目标的确定依据，让龙湖地产实现了高速的发展。

增长速度的高低要根据企业所处的阶段以及企业想成为什么样的企业决定。

为增长的承诺竭尽全力

在根据企业的增长速度制定了企业的战略目标之后，接下来就是看组织中从上至下不同群体，是否充分理解和认同企业的战略目标，是否愿意为同一个目标许下承诺，是否为兑现承诺而建立了战略执行体系。

陈春花说："很多时候，人们总是希望目标合理，但是目标一定是不合理的。因为目标是一种预测，没有人敢说预测是合理的，而且目标是一种决心，你发誓要做什么，目标就会出来。所以，在今后的管理中，请不要去探讨目标的合理性，因为它一定是不合理的。对于目标而言，不是探讨合理性，而是探讨必要性。"我们非常认同陈春花的这一观点。

以工匠精神做"微雕"

2023年1月3日，德锐咨询迎来了新年首次"欢乐颂"（德锐咨询内部将月度例会称作"欢乐颂"），一百多名德锐咨询同事济济一堂，斗志满满。本次"欢乐颂"的氛围和往年的都不相同，因为自2020年新冠疫情暴发以来，很多咨询公司裁撤机构、大规模裁员，甚至倒闭。而德锐咨询在这三年中却能逆势增长，相比2019年，2022年合同额增长135%，营业收入增长85%，员工人数增长一倍多，从小型咨询公司逐步变成中型咨询公司，这次"欢乐颂"见证了德锐咨询在三年疫情中的成长历程，大家都沉浸在胜利的喜悦之中。

董事长李祖滨在各个职能、业务单元做完2022年总结和2023年计划汇报后，开始了意味深长的发言。回首德锐咨询三年的增长，他感慨万千，用坚定而又深情的语言，分析了德锐咨询在三年疫情中能持续逆势增长的原因。

第一，坚持增长的意志

2013年，德锐咨询董事长李祖滨在年终总结会上，提出德锐咨询恒定的坚持："把20%以上的持续增长作为一种恒定的状态，不论外部环境好与坏。"一句诺言，十年坚守。德锐咨询每年提出增长目标，并且咬紧目标不放松，全力达成。德锐咨询2012~2022年营业收入和合同额如图2-3所示。

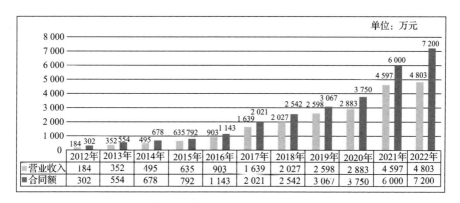

图 2-3　德锐咨询 2012～2022 年营业收入和合同额

记得在疫情形势非常严峻的 2020 年，李祖滨在第三季度末的动员大会上，坚定地站起来，庄严甚至有些悲壮地和大家说："我们要捍卫我们的承诺，即使疫情，我们也要全力以赴；如果我们全力以赴了，即使失败，我们虽败犹荣。"这句话燃起了大家的昂扬斗志，大家全力以赴地去落实会上的"抗疫"举措。至今想起，当时大家万众一心的增长意志，仍然历历在目，令人感动不已。

第二，合伙人对公司增长目标的坚持、认同和承诺

2022 年的疫情陆续影响了公司至少四分之一的时间、精力和战斗力，但是德锐咨询合伙人多次开会反复强调，即使环境再难，德锐咨询也要保持 20% 的增长。

为了保证项目的按期回款，在最后一个季度，好消息和坏消息交替出现，负责项目管理的合伙人赵芳华生怕完不成项目回款，时刻紧盯项目，那个阶段她茶饭不思，晚上甚至失眠，生怕错过了一个关键的回款跟踪动作。

负责商务拓展的合伙人李锐更是在 2022 年对各种线索都不放过，只要有任何蛛丝马迹，哪怕再小的可能性，她都马不停蹄赶到客户现场，进行项目洽谈，她好几次累得在高铁、地铁、出租车上倒头就睡。

负责合同和商机的合伙人封利带领市场组，面对线下环境的不稳定，尽全力克服困难，开展线下培训班、沙龙。

正是由于合伙人团队对德锐咨询增长目标的坚持和承诺，才让德锐咨询的整个团队战斗激情始终拉满，其他同事也都因此大受鼓舞，共同为目标而奋斗。

第三，德锐咨询做了行业中别人不愿做的事情

作为一个管理咨询公司，德锐咨询不仅是在做项目，德锐咨询做了行业中别人不愿做的事情，德锐咨询在用工匠精神做"微雕"。

- **坚持不懈地写书**。德锐咨询从 2015 年开始写书，这是一项很苦的、不会立竿见影的工作，但长期的坚持带来了广泛认同，让德锐咨询的行业影响力明显提升。
- **基于长期主义的"种草"**。作为咨询公司，去做线上传播是有难度的，且不会立即见效。但德锐咨询在长期坚持，从每天线上的文章到直播、短视频，从增加公域流量的宣传到逐步增加私域流量，以及在私域流量每天做合伙人分享，等等，我们不断寻找流量密码，搭建短视频账号矩阵。虽然短时间效果不明显，但三年坚持下来，的确感受到了商机的持续增加，商机中的优质企业数量越来越多。
- **为了客户满意，宁可项目延期**。对客户的项目交付和服务，德锐咨询顾问用服务创造口碑，宁可项目拖延，甚至影响利润，也坚持交付，直到客户满意，并最终在客户中形成了落地性好的口碑。
- **做别人认为"卷"的事**。德锐咨询还在知识管理、数字化、人才的精细化培养、白皮书的研发等方面不断加大人力和时间的投入。这些事情在公司内部也有过争论，大家或许认为"太卷"，认为咨询顾问除了做项目，还在写文章以及做内部管理、员工面谈、标准化等，太辛苦了！不过通过长期实践，大家一致认为这些所谓"太卷"的事情，并不是无价值的、低水平的消耗，这是在做"微雕"，让德锐咨询的产品更加领先、精致，让德锐咨询的培养更加快速，让德锐咨询的招聘更加精准，让德锐咨询的市场体系、知识管理体系、培养体系更加完善。这不是无意义的"卷"，这是在以工匠的精神做"微雕"。

第四，战略绩效体系的保障

德锐咨询能将每年的高增长目标有效落地，离不开德锐咨询战略绩效体系（见图2-4）的保障。从战略制定、战略实施到评价与激励，每个环节德锐咨询都有体系化的动作来保障，其中核心的环节包括每周的冲锋号（德锐咨询内部将周例会称作"冲锋号"）、每月的欢乐颂和合伙人会议、每季度的复盘会议等，这些机制有效保障了战略执行的及时跟进和调整，从而确保最终战略目标的达成。

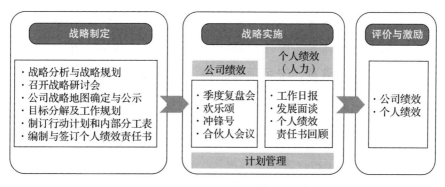

图2-4 德锐咨询战略绩效体系

李祖滨发言完，大家爆发出雷鸣般的掌声，久久不能停息，因为这掌声中包含着大家奋斗的激情和成功的喜悦。

当天下午，公司全体员工又陆续进行了个人年终述职，回顾2022年下半年的工作，同时签订了2023年上半年的绩效责任书。述职后，主持人现场采访了几名同事，其中有经验丰富的老员工，也有刚加入德锐咨询不久的新员工，大家都在述职的满满能量中，表达了自己的心声。

一位新员工说："这次述职让我感受到了不同员工身上的风采，这是在平时感受不到的，很感谢公司制造这样一次机会，让大家互相赋能，能量满满。"

一位资深老员工则说道："听完大家的述职，对于德锐咨询员工成长和公司的发展，如果用一个字表达自己的感受，就是'哇！'如果用三个字表达自己的感受，就是'我的天！'"

……

把增长打造成公司的惯性，把恒定的增长培养成公司的一种习惯，德锐咨询的确这样做了。

对违背价值观行为零容忍

价值观是指导企业所有行动的原则，也是企业的文化基石，吉姆·柯林斯给价值观下了一个简洁的定义：价值观是固有的、不容亵渎的，是不能为了一时方便或短期利益而让步的。价值观为企业的生存与发展确立了精神支柱，决定了企业的基本特性，对企业及员工行为起导向和规范作用，能产生凝聚力，激励员工释放潜能。

价值观常常反映企业创始人的价值观，比如惠普的"服务顾客、尊重个人、追求卓越、诚信行事"、沃尔玛的"超出顾客的期望"、波音的"领导航空工业，永为先驱"、3M 的"服务顾客重于一切"、奈飞的"判断力、沟通力、影响力、好奇心、创新、勇气、热情、诚实、无私"等。价值观是一家企业的独特性源泉，是企业经营的底线，因此必须不惜一切代价去恪守。

"高严格"的优秀企业都在严格恪守着企业的价值观，并形成了制度予以贯彻执行，比如华为的《华为基本法》、德胜洋楼的《德胜员工守则》等，这些企业可以说是凭着对价值观的坚守，才能长久生存并发展下去。

价值观作为一家企业长期坚守的经营底线，是不能轻易违背的。对于违背企业价值观的行为，卓越的企业都坚持零容忍，不惜一切代价与这些行为做斗争。因为对这些行为的默许和宽容，是给其他践行价值观的员工做了一个坏的示范，让员工认为企业领导层坚守价值观的决心不足，企业的价值观根基也会开始随之动摇。

沃尔玛对不诚信行为的几近严苛的要求

连续在《财富》世界 500 强榜单上排名第一的沃尔玛，2021 年营业收入达 5591.51 亿美元，员工人数达 210 万人。要维持如此庞大的商业帝国正常运转，除了严密的制度之外，沃尔玛对价值观的坚守更是超出寻常的严格。

在沃尔玛，即使是一位级别比较高的人员，也会因为一次在报销单中插入了一张酒水单被开除。在沃尔玛的各大门店，大到虚假销售，小到偷吃一块巧克力，都会受到严厉处罚，严重的甚至会追究刑事责任。

沃尔玛对于违背诚信行事价值观的行为都有明确的处理标准（见表 2-7），按书面警告、最终警告、解聘进行分类。

表2-7 沃尔玛对于违背诚信行事价值观行为的处理标准

行为类型	处理标准要点	书面警告	最终警告	解聘
严重违反日常业务操作流程	一经查实，则予以解聘处理；请关注违规背后的管理问题，做好员工培训	/	/	首次
篡改公司经营数据、伪造公司印章	一经核实，则予以解聘处理	/	/	首次
提供虚假证书、材料	一经核实，则予以解聘处理	/	/	首次
挪用、偷窃公司财产	对于该行为，可视其主观故意、情节和证据的充分程度，做出劝退/解聘处理；请关注违规背后的管理问题，做好员工培训	/	/	首次
上班期间打瞌睡	根据工作性质发生的具体原因来决定处理的尺度。如证明是故意故意并造成较大安全隐患或严重损失，则予以解聘；如证明并非故意，则以提醒教育为主，并根据情节严重程度给予警告处理	打瞌睡等非故意行为，并对工作造成一定影响，首次	故意睡觉，首次；打瞌睡等非故意行为，再次	故意睡觉并造成较大的安全隐患或严重损失，首次；故意睡觉、打瞌睡等非故意事故行为，多次
上班期间出去办私事	未经管理层批准离开公司，视具体情节予以解聘处理，情节严重者（如多次离岗等）予以解聘	首次	再次	多次；给公司造成较大安全隐患或严重损失
利用公职权力收受礼品、现金	利用个人影响力（包括工作职位、职等、业务关系等），主动、强行索要对关联方的赠与。在不知情的情况下得到关联方的赠与，发现后马上上归还或上缴，可不予追究责任	利用个人影响力、额外接受贿赂、违规接受赠品，首次	利用个人影响力、额外接受礼品、现金、违规接受赠品、现金，再次	利用个人影响力（包括工作关系等）主动、强行索要礼品、现金、额外接受礼品、现金、违规接受礼品、现金，再次

不仅国外的知名企业对于价值观严格坚守，国内越来越多的知名企业对于价值观也是严抓实管，重拳出击，通过维护价值观，支撑企业稳健发展。

腾讯为维护价值观重拳反腐

2019年第四季度至2021年第一季度，腾讯反舞弊调查部共发现查处触碰腾讯"高压线"案件60余起，100余人因触碰腾讯"高压线"被辞退，40余人因涉嫌犯罪被移送公安机关处理。

腾讯的反腐，几乎都是因为员工与其他合作企业触碰企业价值观"高压线"。

什么是腾讯"高压线"？

腾讯的"高压线"一共有六条，分别是：

- 弄虚作假。
- 收受贿赂。
- 泄露机密。
- 不当竞争。
- 利益冲突。
- 违纪。

从历年反腐力度来看，腾讯对自己价值观的维护坚如磐石、毫不含糊，犹如爱护自己的羽毛一样。

腾讯重拳反腐，从浅层面上来说，是必须维护公司的组织纪律，确保"高压线"的权威性，警示大家"碰不得"；而往深了说，则旨在坚定地维护腾讯的"正直"价值观，恰如其诠释中所言"鼓励员工继续'坚守底线、以德为先，坦诚公正不唯上'，这是总办极度重视、员工高度认同的价值观"。

腾讯，是互联网行业少有的极其重视企业文化和价值观建设的巨头。腾讯于 2019 年 11 月，升级了价值观：正直、进取、协作、创造（见表 2-8）。

表 2-8 腾讯的价值观

价值观	内涵	诠释
正直	坚守底线，以德为先，坦诚公正不唯上	鼓励员工继续"坚守底线、以德为先，坦诚公正不唯上"，这是总办极度重视、员工高度认同的价值观
进取	无功便是过，勇于突破有担当	坚持传承进取的价值观，强调"无功便是过，勇于突破有担当"；同时赋予"进取"更高的标准和内涵，倡导员工不断追求卓越，并对管理干部有了更高的指引与要求
协作	开放协同，持续进化	"合作"升级为"协作"具有明确的价值导向，就是要"开放协同，持续进化"。对内要大家放大格局、打开边界，以开源的心态与各组织协同，用符合互联网思维的方法和工具进行协作；对外要广泛协同伙伴和生态力量，共创更大价值。我们希望，这种导向可以牵引个人成长，促进组织进化
创造	超越创新，探索未来	"创新"升级为"创造"则指向更高的要求，意味着"超越创新，探索未来"。这就需要我们不断突破现有思维，保持对前沿和未来领域的关注和投入，以更有分量、更具结果的导向去创造更大价值。我们不会忽视技术和产品的微创新，但我们有了更高的目标：面向未来、探索未来，通过创造力实现更大的社会价值

相比那些一直挂在墙上、喊在嘴上的企业文化、价值观，腾讯的价值观言必行、行必果，不是说着玩玩，而是果断亮剑，及时止损，这是企业文化及价值观能够有效落地的有力保障。

企业反腐，事件可大可小，但在维护内部公认的价值观上，则应毫不妥协。这反过来也会加强企业价值观的建设，使之更加深入人心。

腾讯对于价值观的重拳维护，对于违背价值观行为零容忍，才能保证腾讯在人才队伍不断壮大的同时，企业的价值观不被稀释，促进腾讯的稳定发展。

通过以上国内外企业反腐案例我们可以看出，企业在面对内部腐败问题时的态度，彰显了这个企业的价值观，也决定了这个企业是否能长期发展。

面对贿赂的三种态度

企业对贿赂采取的态度有三类。

第一类态度，企业既不通过向外行贿谋取利益，也坚决不容忍内部人员收受贿赂。这样的企业最容易做到内部廉洁。

第二类态度，企业需要通过向外行贿谋取利益，但会严厉制止内部人员收受贿赂。这样的企业不容易做到内部廉洁。

第三类态度，企业需要通过向外行贿谋取利益，对内部人员收受贿赂睁一只眼闭一只眼，还以"水至清则无鱼"自我开脱。这样的企业，内部人员收受贿赂会非常严重，企业也会被内部腐败掏空。

我们所见到的优秀企业都在坚持第一类态度，而坚持第二类态度或者坚持第三类态度通常会导致管理与经营效率低下，盈利能力弱，企业发展难以长久。

对客户卓越交付

以客户为中心是企业存在的根本理由，甚至是唯一理由。德鲁克提出：企业存在的理由是创造客户。在他看来，客户原本是不存在的，是企业和企业家通过对市场与客户需求的洞察做出产品和服务，进而创造了客户和市场。而迈克尔·哈默提出，以客户为中心的本质是创造客户价值。

以客户需求为导向、为客户提供高质量的产品和服务、快速响应客户需求和实现企业端到端低成本运作是以客户为中心的核心内涵。

任正非说："华为命中注定是为客户而存在的，除了客户，华为没有存在的任何理由。""以客户为中心"作为华为的核心价值观之一，不仅挂在墙上，也深深地落实在企业的一言一行之中。

被任正非批评了 10 分钟的"精美报告"

2010 年，华为一个很有名的副总裁，是负责欧洲业务的，当时欧洲业务做得很好，任正非很满意，这位副总裁回来做报告，报告做得非常精美。然而，在报告会上，任正非把他狠狠骂了一顿，整整骂了 10 分钟。

任正非干脆直截了当地下指令："你们要脑袋对着客户，屁股对着领导。不要为了迎接领导，像疯子一样，从上到下地忙着做 PPT……不要以为领导喜欢你就升官了，这样下去我们的战斗力是会削弱的。"

在 2010 年的一次会议上，任正非进一步指出：在华为，坚决提拔那些眼睛盯着客户，屁股对着老板的员工；坚决淘汰那些眼睛盯着老板，屁股对着客户的干部。前者是公司价值的创造者，后者是牟取个人私利的奴才。各级干部要有境界，下属屁股对着你，自己可能不舒服，但必须善待他们。

华为坚持以客户为中心，"脑袋对着客户，屁股对着领导"，明文严禁讨好上司，就连机场接送领导也禁止。任正非说："客户才是你的衣食父母，你应该把时间、力气放在客户身上，在华为只有客户才享有专车接送的待遇！"

资料来源：《4 个故事，讲透华为"以客户为中心"的背后逻辑》。

其实，不仅仅是华为这样的大企业，对于绝大多数的企业来说，收入都来自客户。而来自客户的收入，主要体现在企业为客户交付产品和提供服务实现的价值。企业为客户提供的产品和服务价值越高，客户带给企业的收入也越高，这正是商业的本质。

宜家："鱼"与"熊掌"必须兼得

1926年3月30日，宜家家居（IKEA，下称宜家）创始人英格瓦·坎普拉德在瑞典南部的埃耳姆哈耳特小镇上出生。这个昔日安静的寻常小镇，现已发展为一处热门旅游盛地，众多游客因为宜家的品牌声誉纷纷慕名前去。

也许是天生具有经商的才能，英格瓦在5岁时便想到用低价策略向邻居销售火柴赚钱。11岁那年，他还用卖花种赚来的钱买了赛车和打字机，这些一步步激发了他对销售行业的浓厚兴趣。1943年，年仅17岁的英格瓦收到一份父亲送出的毕业礼物——帮助他创建属于自己的公司。因此，一个少年开始了他简单而纯粹的创业梦，一个质优价廉的家居品牌——宜家也由此诞生。

细看宜家的品牌标识会发现，整个设计由蓝黄两色构成，而这两种颜色正是瑞典国旗的颜色。在瑞典人的眼中，蓝色和黄色是他们生活中不可或缺的颜色，加之森林覆盖率极高的瑞典又是一个崇尚节俭、自由的国家，因此，瑞典家居的风格也是清新自然。这些文化背景深深地影响着英格瓦，引导他决心去打造一个简约、自然的家居品牌。

在宜家的生产经营过程中，英格瓦始终坚持这样一个经营理念：提供种类繁多、美观实用、老百姓买得起的家居用品。在品牌创立之初，英格瓦发现，当时市场上销售的家居产品俨然都是一些高档奢侈品，只有少数人才能消费得起。英格瓦便决心设计并推出一些价格低廉的家居产品，让普通大众以低廉的价格就能享受到舒适与便利。"为大多数人创造美好生活，包含着打破地位和传统的局限——成为更自由的人。要做到这一点，我们不得不与众不同。"英格瓦曾这样写道。

对于许多生产者而言，生产高质量的产品与保证产品以较低的价格出售，两者似乎是矛盾的。但在英格瓦看来，"鱼"与"熊掌"可以兼得，后来他用实际行动证明了这一理念，并成功设计生产出了质优价廉的家居产品。

与此同时，宜家还十分注重打造品牌。英格瓦主张让宜家的设计师们在研发设计环节充分考虑健康和环保等因素，努力生产低价且让顾客放心、满意的家居产品。"让顾客成为品牌的传播者。"

对消费者而言，宜家或许已不仅仅是质优价廉的家居产品代名词，它更代表着一种清新、舒适的现代生活方式。

"同等质量和服务，价格最优"，是企业管理和运作的主动追求。一家真正以客户为中心的企业无时无刻不在努力实施端到端的低成本运作，目的是让更多的利益给客户。

"高严格"的企业文化不管是对人才的高标准选择和任用，对企业高远目标的追求和执行，对价值观的严格坚守，还是对客户提供的卓越交付，最终都是为了实现企业的经营结果。想建立双高企业文化体系的企业，应从这四个方面综合考虑"高严格"文化的体系建设，最终转化成组织的效能提升，实现企业的持续发展。

但是，这里企业需要特别注意的是，严格不是严苛，严格需要把握恰当的尺度，合情合理合法，而不能演变成严苛，否则就会产生相反的效果。

最后，从"高严格"的各个维度，我们为大家梳理了年度关键行动计划表（见表2-9），供大家在实际落地时参考。

表2-9 高严格落地关键行动计划表

维度	子维度	关键行动	年度行动计划
高严格	坚持选择合适的人	严把进人关	1. 明确并提高招聘标准，输出各岗位招聘画像卡 2. 扩大招聘喇叭口，增加人才选择范围 3. 组织面试官认证工作，颁发面试官证书
		对不合适的人当机立断	1. 制订待改进人员的改进计划和优化计划 2. 针对不合适员工定期盘点、跟进
		提高人才密度	1. 每半年开展人才盘点工作，对不合适的员工进行强制淘汰 2. 招聘最优秀的人才 3. 对优秀的人才通过轮岗、扩大工作职责等进行快速培养
	对高目标全力以赴	秉持增长的意志	1. 每年坚持不低于30%的增长目标
		坚持高速增长	2. 组织管理人员完成公司的3~5年战略规划研讨，并向全员宣贯
		为增长的承诺竭尽全力	3. 每月围绕目标进行回顾，有差距的共创行动计划，确保目标完成
	对违背价值观行为零容忍	对违背价值观行为零容忍	1. 组织中层以上员工进行文化价值观的行为描述研讨，每年复盘 2. 开展高管文化大讲堂，讲解对企业文化的理解 3. 制定公司倡导行为与反对行为的例子并张贴宣传 4. 每月月度会议增加员工故事环节，说说大家身边符合文化的故事 5. 对违背公司价值观的人员坚决淘汰
	对客户卓越交付	为客户提供卓越的产品和服务	1. 持续投入研发经费，为客户创造物美价廉的产品和服务 2. 根据客户需求和市场需求，不断迭代更新产品和服务

■ 关键发现

- "高严格"体现在：坚持选择合适的人、对高目标全力以赴、对违背价值观行为零容忍、对客户卓越交付。

- 要塑造"高严格"的企业文化，一定要不断提高人才密度，增加优秀人员的比例，这就需要做到两点：一是严把进人关，选择合适的人；二是对于不合适的人，要当机立断，坚决淘汰。
- 实行"高严格"企业文化的公司，有着持续增长的意志，持续设定高目标，为增长的承诺竭尽全力，坚持高增长。
- 对于违背公司价值观的行为，优秀和卓越的公司都坚持零容忍，不惜一切代价与这些行为做斗争。
- 实行"高严格"企业文化的公司，始终以客户为中心，始终为客户提供卓越的产品和服务。

Dual "Highly"
Corporate Culture

第 3 章

以人为本的"高关怀"

管理的本质，是激发和释放每一个人的善意，管理者要激发和释放人本身固有的潜能，创造价值，为他人谋福祉。

——德鲁克，《管理的实践》

员工需要怎样的高关怀

企业只有通过高严格取得高绩效，才能实现企业的长期发展，否则"高关怀"就难以为继。但是，为了实现高增长，片面地强调"高严格"，只用制度、规则、权力等方式进行高要求，忽视员工在报酬、成长和尊重方面的需求，无限加大员工的压力，会让员工没有归属感，甚至心生怨怼，形成缺少关怀的"严苛文化"，反而不利于企业长期的绩效实现。企业既要有对绩效的高严格坚守，也要有对员工的高关怀，形成企业目标达成与员工需求满足之间的平衡，"双高并进"才能持续保持组织长期高绩效地运转。

那么，员工到底需要什么样的高关怀呢？美国耶鲁大学的组织行为学教授奥尔德弗曾提出ERG激励理论，该理论将员工的需要分为以下三类：

- 生存（existence）需要，即对基本的物质生活条件的需要。
- 相互关系（relatedness）需要，即维持人与人之间友善关系的愿望。
- 成长（growth）需要，即人们希望得到发展的内心愿望。

员工在与企业的工作关系中，需要在企业中获得有安全感的薪酬保障、健康的人际交往氛围，以及员工个人职业发展。我们认为，员工最需要的高关怀就是通过关怀员工内在的需要，来激发员工内在动力。

基于ERG激励理论与企业高关怀的对应举措（见图3-1），德锐咨询提出对员工高关怀的三个方面：高于市场水平的薪酬、走心的关爱、3倍速培养。

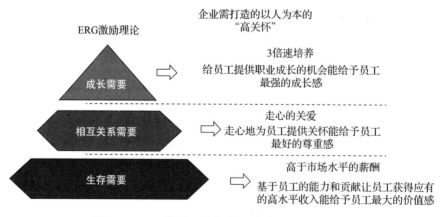

图3-1　ERG激励理论与企业高关怀的对应举措

第一，高于市场水平的薪酬。基于员工的能力和贡献让员工持续获得高水平收入，能够给予员工最大的价值感。

第二，走心的关爱。关心员工的感受，尊重员工，信任员工，用心为员工提供关怀，能够给予员工最好的尊重感。

第三，3倍速培养。帮助员工提升能力，给员工提供职业成长的机会，让其快速成长，能够给予员工最强的成长感。

高于市场水平的薪酬

高水平薪酬是对员工价值的最大认可

《奈飞文化手册》中提到，奈飞保证每个人都获得市场最高水平的薪酬，因为他们认为"如果你有意招聘你能发现的最佳人选，给他们支付最高的薪酬，你会发现，他们为业务增长带来的价值总是会大大超过他们的薪酬"。德锐咨询在写作《人效冠军》一书时，曾研究过十余家人效冠军企业，发现几乎所有的人效冠军企业也是薪酬冠军企业（见表3-1）。

表3-1 人效冠军企业薪酬与利润情况

所属行业	行业人效冠军	2018年人均净利润排名	2018年人均薪酬排名	2018年人均薪酬（万元）
信息与通信技术（ICT）	华为	3	1	62.4
多元银行	招商银行	1	1	57.7
医疗保健设备	迈瑞医疗	1	1	33.8
建筑机械与重型卡车	三一重工	1	1	30
基础化工	万华化学	1	1	26.4
服装	森马服饰	1	1	22.9

资料来源：Wind数据库，德锐咨询计算。

这就意味着，高薪酬并不是浪费，企业可以通过高薪酬激励员工提升工作积极性，做出额外的努力，为企业创造超额利润。更重要的是，企业提供高于市场水平的薪酬，就能够吸引和保留市场上优秀的人才，优秀的人才能够创造更多的价值、赢得更多利润（见图3-2）。

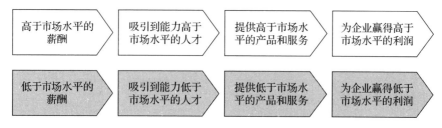

图 3-2 "薪酬—人才—价值—利润"的逻辑链

效率工资理论认为，高生产率是高工资的结果，支付比市场水平更高的薪酬的企业更能稳住和吸引人才，在提高员工工作热情的同时也提高了员工工作懈怠的成本，具有激励和约束的双重功效，从而能产生更高的生产效率；低工资会造成高素质人才流失，即使不流失也会造成较低的员工满意度和敬业度，必然导致人效降低，反而增加企业的人工成本。这也是杰克·韦尔奇所说的"工资最高的时候成本最低"。

企业的实践表明，企业的薪酬付出往往是员工感受到企业对自己价值认可的最直接方式，企业采用高于市场水平的薪酬策略，更容易提升员工自身价值感，进一步增强其对企业的归属感和认同感。

当然，我们所提倡的"高薪酬"不是绝对的高，此时的"高"薪酬更多是指企业提供的薪酬比竞争对手给的高。这种"高薪酬"的方式，可以让企业不断在人才争夺战中获得胜利，直至最终像奈飞一样，成为最优秀的企业。

那企业如何合理具备高水平薪酬呢？一般需要关注以下两个方面。

第一，梳理企业内部的关键岗位，确定不同岗位的薪酬策略。从企业内部的薪酬给付能力来看,我们建议企业对于不同的岗位采取不同的薪酬策略(见表3-2)。以市场平均薪酬水平为界限,越重要、难以替代的岗位薪酬水平越高。

表3-2 不同岗位对应不同的薪酬策略

岗位属性	薪酬策略	薪酬水平	薪酬成本负担	薪酬投入产出比	员工吸引与保留效果	激励导向
业务、技术岗位(营销、技术等)	领先型	75/90分位	高	高	高	价值导向
职能岗位(人资、财务等)	跟随型	50分位	中	中	中	成本导向

奈飞对于员工薪酬的理念转变与建议

我(帕蒂·麦考德,奈飞前CHO)曾经一度认为,除了把薪酬与绩效考核结合之外,没有其他办法可以来计算薪酬。虽然我觉得年度考核与薪酬计算流程荒唐而复杂,并且很讨厌做这件事,但我还是认为这种做法是有道理的。奈飞的员工因为高工资而被我们的竞争对手挖走,给了我很大的启发。有一天,我听到谷歌给奈飞的一个员工开出了几乎比他现在的薪水高两倍的工资,顿时大发雷霆。

这个员工的管理者惊慌失措,因为那个员工非常重要,他们希望能反制对方的条件。我却坚持认为我们没有办法付给他那么高的薪水。我和他的经理以及几位副总裁在邮件里针锋相对。我认为:"不能因为谷歌有钱,就让它来决定每个人的薪水!"我们为此争吵了很多天,甚至持续了整个周末。他们一直跟我说:"你不知道这个人有多好!"我一点儿也没有被说服。但是,周日早上一觉醒来后,我对自己说,啊!他当然很好!怪不得谷歌想要他。他们是对的!这个员工一直在做一些相当有价值的个性化技术,世界上很少有人在这个领域有像他那样的专长。我意识到，他为我们工作这件事给他带来了一个全新的市场价值。我很快发出了另一封电子邮件："我错了。顺便提一句，我查了一下盈亏情况，我们可以给这支团队的每个人薪水翻一倍，没问题的。"

这次经历改变了我们对薪酬的想法。我们意识到，在某些工作上，我们创造了自己的专业性和稀缺性。如果严格遵照内部薪酬标准执行，实际上会损害那些最优贡献者的利益，因为他们可以在别处挣到更多。我们决定，不让员工在不得不离开时才获得应得的薪水。我们也经常鼓励员工出去面试，这是发现奈飞的薪水竞争力水平的最可靠和最有效的方式。

我们也意识到，按市场顶尖水平的某个百分数来设定薪资范围，并不能确保我们可以招到我们需要的大量顶尖人才。我们决定努力按市场顶尖水平来付薪。按市场定薪不应该是将你的薪酬水平定在整体市场范围的某个固定水平上，而应该是在你要求的工作时间范围内，估算一个人为你带来的整体市场价值。也许，有些公司还不太可能让每个岗位的薪水都达到市场最高水平，至少在短期内不能。那么，我建议识别出那些最有潜力提升公司业绩的岗位，然后尽可能招来能够招到的最好人才，给他们支付市场最高水平的薪水。设想一下，假如通过支付市场最高水平的薪水，你招到了一个极其聪明又富有经验的人，这个人能做两个人的工作，或者还能增加更大的价值，会怎么样。考虑一下众所周知的80/20原则在销售团队上的应用，公司20%的销售人员可以包揽销售收入的80%。这条原则也许能更广泛地应用到其他类别的员工身上。我曾经在很多团队身上看到过类似的效果。

资料来源：《奈飞文化手册》。

第二，与外部环境对标，梳理薪酬宽带。对于外部环境，除了要考虑当地同行业同类岗位薪酬水平，还要考虑当地不同行业同类岗位薪酬水平、周边企业薪酬水平以及当地城市薪酬水平等。通过与外部薪酬环境进行全方位的对标（见表3-3），结合企业战略方向、人才策略、支付能力等因素，制定符合企业实际且有竞争力的薪酬宽带。

表 3-3 薪酬宽带设计的对标维度

对标对象	对标理由
同行业同类岗位薪酬水平	了解价值贡献匹配的平均薪酬水平，是薪酬给付的对标依据
不同行业同类岗位薪酬水平	了解岗位价值平均水平，便于从非同行的企业中寻找相同岗位人才
周边企业薪酬水平	在周边的企业中占据领先地位，有利于人才争夺
当地城市薪酬水平	明确员工薪酬在当地的基本生活水平

高固定薪酬让员工感到安全和信任

薪酬由固定薪酬和浮动薪酬构成，其中固定薪酬是基于员工能力、企业内部职位确定的，定期、固定发放给员工，不受外界因素的影响；浮动薪酬是依据个人的业绩贡献来支付的部分，体现的是多劳多得的分配原则，由员工先创造出价值，企业再进行认可与奖励。

企业给的固定薪酬越高，员工越能感到安全和信任；反之，则会影响员工的积极性和企业的协作氛围。

让骨干寒心的低固定薪酬

一位来自互联网A公司的HRD章总，最近遇到了一件让他颇感无奈的事。A公司刚完成明年业务转型规划，某项重点业务的项目负责人魏经理就提出了离职。为此，章总和魏经理进行了深入的离职面谈，他发现，魏经理很认可公司，与领导和同事处得很好，也很喜欢现在所做的工作，主要原因出在他的工资待遇上，以下是面谈中魏经理反馈的主要薪酬问题。

A公司一直秉承的理念是要通过刺激员工的欲望，激发员工的动力，推行的是"低底薪＋高提成"薪酬结构，魏经理的薪酬固浮比例是2∶8，成员的薪酬比例基本是3∶7，这样的薪酬结构主要造成下述问题：

（1）公司项目周期长，回款间隔时间久，并不是每月都会有项目回款。魏经理的月工资收入不稳定，没有回款的时候没有提成，月工资就很低，基本开销难以满足，经常要靠着信用卡挨到后面的月份，这让他饱受困扰。

（2）更困扰他的是，他作为项目负责人很难通过此薪酬招到合适的人，来面试的寥寥无几，即使承诺候选人年薪多少，此薪酬结构下也始终招聘不到他想要的人。甚至造成优秀的骨干因为忍受不了薪酬波动过大陆续离职，导致整个项目团队战斗力越来越弱。所以他对未来的信心严重不足，觉得这样下去更加没有安全感。

（3）团队人员雇佣兵的心态严重，管理乏力。因为浮动的工资足够高，整个团队的员工都只愿意做有利于拿提成的项目或者工作。对于难度大、周期长的项目或者类似招聘、培养等配合的工作很难安排，甚至经常因为一件小事无人承担，要他做思想工作，管理的难度让他心累。

（4）团队内一直未达到"团队"而持续是"团伙"，因为浮动工资高、多做多得，团队成员之间甚至出现相互使绊子、争夺资源的情况。"1+1＞2"的团队作战斗志无法激发，成员之间基本上也只是面子上过得去。创业时期各团队成员之间因目标、梦想的精诚团结已全然消失。

A公司工资长期保持在低位，难以吸引到优秀的员工加入，而潜力好、快速成长起来的员工很快又被更好的机会吸引走，留下了一批看似努力，实则低效的队伍。和竞争对手相比，公司的人均产值远远落后，且增长乏力，"协作、共赢、成就"的企业文化已然呈现颓势。

从上述案例可以看到，低固定高浮动的薪酬结构严重伤害员工的积极性，并且不利于协作、协同的组织文化的形成。实施低固定高浮动薪酬结构的企业更多是把人当成"经济人"来看待，认为金钱是刺激人的积极性的唯一方式，组织之间更多强调短期的、物质的交换，主要关注经济性的、直接的回报，缺少长期的承诺。

因此，低固定高浮动的薪酬结构会让员工认为工资大部分都是自己个人努力挣来的，和平台的关系不大，最终弱化对企业的归属感。

实施高固定低浮动薪酬结构的企业，则恰恰相反，它们更倾向于把员工当成"社会人"来看待，在经济报酬之外，更关注员工心理和社会方面的需求满足，即追求人与人之间的友情、关心、理解、爱护、忠诚、安全感以及归属感。高固定薪酬能让员工的生活有保障，不为生计发愁，安心做事，安全感大大提升；同时高固定薪酬本身是企业的一种先付出的表现，是对员工能力和价值的认可，因此员工的被信任感也大大提升。

因此，高固定低浮动的薪酬结构会让员工除了获得经济报酬之外，有更多的安全感和被信任感去做更多有价值的事情，对企业的归属感也会更强。

当然，高固定薪酬不等于"全固定"薪酬，与高水平薪酬的逻辑相似，高固定也是"相对的高"，只要与外部相比，固定部分的薪酬具有竞争力，就可以达到较好的激励效果。企业在实际运行中，可以将一些不必要的浮动补贴并入固定薪酬，让薪酬成本更能被员工显性化地看到，加强薪酬的竞争力和激励性。

持续调薪激发员工斗志与进取心

有不少企业在激励员工时只会用奖金拉开薪酬差距，还没有掌握用固定工资拉开薪酬差距的方法，也没有掌握持续调薪的方法。

很多企业的薪酬原本在同行中是很有竞争力的，薪酬也一直是员工所津津乐道的，可是由于企业的薪酬成本管控和员工能力管理机制、调薪机制等不完善，连续几年都没有调薪，或者调薪幅度很低，导致原本领先的薪酬竞争力逐年降低，甚至低于市场水平。员工的斗志和进取心也随着薪酬竞争力的逐年降低而降低，这就是缺乏持续调薪带来的危害。

因此，高于市场水平的薪酬，必须要考虑时间维度，即企业要通过每年持续进行薪酬回顾和调整，始终保持薪酬的高竞争力，让企业的价值贡献者持续获得应有的回报，这样才能更好地激发员工的长期斗志与进取心。

在企业内部，通过将能力与薪酬挂钩，能力提升越快，薪酬增加越快，能让努力进取的员工持续获得价值感和信任感，让员工投入、价值回报、员工激励感知三者之间形成正循环（见图3-3）。其核心是保持激励的动态调整，让"奋斗者不

图3-3　员工价值贡献正循环

吃亏",持续激发"奋斗者"的斗志与进取心。

通过持续调薪,可以牵引员工提高能力,从而形成正向、积极的企业文化氛围。对于调薪的方式及方法,则根据企业的实际盈利及发展情况,每年或者每半年都要进行一次薪酬调整,保证绩效优秀且有潜力的员工在被激励的范围内。通常持续调薪有以下三种方式:

(1)年度调薪。结合企业经营情况和发展战略,根据企业人才盘点结果,每年定期给员工不同程度的加薪。年度调薪涉及全体人员。

(2)半年调薪。一些发展节奏快的企业会设有半年调薪。给少数优秀的、人才盘点结果靠前的员工加薪。

(3)晋升调薪。在一年当中,给获得晋升的员工加薪。

此外,追求公平是人类与生俱来的动物本能,企业需要将调薪、定薪的规则公开化和透明化,让每个员工都能最大限度地知晓和理解企业的薪酬管理原则、薪酬结构、福利规定、定薪调薪机制、薪酬发放规定等相关条款,从而让员工感受到程序的公平。

走心的关爱

当下在物质需求日益得到满足的情况下,人们开始有更高层次的追求,如社交氛围、尊重需求以及情感诉求。企业满足这些需求,能够让员工与组织之间形成一种隐形的心理契约关系。这种心理契约是指在正常雇佣关系以外,员工对企业的认可、企业对员工的关怀,能极大提高员工满意度和敬业度。

基于此,企业的关爱一定要"走心",急员工之所急、想员工之所想,让员工感受到企业对他们的支持与帮助。例如,在危机突发的情况下，企业不在乎成本、通过各种渠道为员工送去生活物资是一种走心的关爱方式。

关爱可以从情感和环境两个维度出发，情感关爱更多是指企业内上下级、同事之间平等与尊重，企业对员工的信任与肯定等；环境关爱则更多指对员工身心健康的关注，营造自由灵活的工作环境等。

平等让人更有尊严

对于企业的员工而言，平等常常体现在以下三个方面。

- **薪酬的平等**：员工可以通过自己的努力多劳多得。优秀的员工可以获得更高水平的激励，长时间不合适的员工被果断优化，是薪酬层面的公平。
- **机会的平等**：有明确的晋升标准和晋升通道，有公开透明的选拔机制，有明确的晋升机会，有开放包容的内部活水计划，让有能力、有想法的人可以平等获得机会、争取更好的发展方向，不让碌碌无为者永居高位，是机会层面的平等。
- **身份的平等**：尊重员工的声音，不以地位决定话语权，不以权力压制员工，让员工可以平等地与上级交流、提出自己对事物的看法与意见，而上级也能够及时接收并做出回应，是身份层面的平等。

前两项"平等"在本章已有详细的描述。而身份的平等，是对于企业营造"平等尊重的氛围"至关重要的一环。

身份的平等是构建企业平等尊重氛围的关键要素。

提到"平等"，大部分人可能会联想到企业花名、不带职级的称呼、"没大没小的氛围"，等等。但这些大多都是一些表现形式，真正体现平等尊重氛围的内核，在于每个人的人格是否被尊重，每个人的意见是否可以充分表达，上下级沟通是否能够站在对方的立场考虑，等等。

如果企业内部显示出"地位决定话语权"的倾向，那么一定会让员工在内心拒绝与企业建立连接。尤其是新生代的员工，他们对于"自我"更加看重，对于其他人的批评会更敏感，也能敏锐地察觉到自己是否被忽视。一旦发现自己不被尊重，员工对于企业的付出以及个人的潜力发掘就会受到影响。

因此，企业要多方位吸收、倾听"全员的声音"，通过草根会议、高层见面会、管理者信箱、投诉与建议反馈等方式，鼓励员工畅所欲言。在需要做决策的时候，将员工的建议也纳入考虑维度，让普通员工也有足够的参与感。当企业全员都能够平等沟通、直抒己见、不唯上不畏上时，企业内部的平等生态也就搭建完成了。

沃尔玛：所有的声音都要被听见

为了听到基层员工对企业的建议，沃尔玛采用了很多方式以开放基层员工的发声通道。比如门户开放、草根会议、定期巡店等。

沃尔玛的草根会议在内部又名"基层会议"，理念是管理者和员工之间就想法和顾虑进行公开的交流，是提供给全职员工与管理者共同讨论、交流想法及建议的会议。一般分为两个模块：基层会议、基层调查。基层会议一般1~2个月一次，各部门、各级别都可以开展，每次参与的员工数为20~30人，是最基层员工与最高层管理者直接对话的会议，帮助促进员工与管理者之间的沟通，旨在建立一个良好的工作环境，同时也帮助管理者找出问题和提高管理水平。基层会议也是一个员工可以不断提出改进意见的场合，在会议中，员工可以就任何问题提出见解，例如：

- 我们怎样才能做得更好？
- 我们应该有哪些新的尝试？
- 哪些东西对我们有帮助？

会议结束后，会制订具体的行动计划以及跟进举措，并在下一次的会议时回顾完成情况。

基层调查即敬业度调查，对每一位员工，一年进行一次在线问卷调查，内容包含工作环境、领导力、职业机会、团队合作、企业文化、薪酬福利等。通过调查，每个团队都会收到敬业度的得分，以及影响敬业度分值的三项关键要素。针对这些关键要素的提升，各团队采用基层会议的方式进行计划与跟进。

门户开放则是指沃尔玛的内部投诉通道，所有管理者的邮箱、电话在沃尔玛都是公开的，员工如果认为自己受到不公、委屈，或者有一些合理化建议，都可以随时打电话给相应的负责人。即使他想直接投诉到美国总部、投诉给CEO，也没问题。并且，所有的举报都会进行详细的调研分析，匿名举报在全员面前公开反馈，实名举报则会点对点反馈给个人。即使不能处理、解决，也会给出对应的原因与解释，以此获得员工的认可。

信任可以激发员工的责任感

对员工而言，没有比得到上级的信任更让自己感到欣慰和鼓舞的了，此类信任对员工所产生的激励作用也是其他任何方式所不能替代的。有研究表明，当感受到上级的信任时，员工往往会表现出更敬业的工作行为。此外，同事之间的高强度信任也同样能带来较高的敬业行为及更好的绩效表现，因为信任可以让组织成员增强合作意愿，自觉弥补合作中可能存在的不足与疏漏，进一步提高工作效率。而一些特殊情况下的信任对员工的激励会更强，例如对新进员工的信任、对出现失误员工的信任、对与自己意见相左员工的信任等，也能更好地激发员工的内在动力。

通过高严格找到合适的人之后，我们认为企业就需要给员工足够的信任，从而激发员工的自驱力。奈飞坚持用高标准选拔"成年人"进入公司，并赋予员工最大的自由。例如取消了休假制度，让员工自行给自己放假；取消报销政策和差旅政策，让员工自行决定如何花公司的费用；裁撤中层管理岗位，尽可能减少规章制度对员工的局限，削减审批流程……

扎根 PVP 的宝洁信任文化

宝洁的入职第一课就是 PVP（purpose，value，principle，宗旨，价值观，原则），PVP 的重要内容包括对员工的尊重与信任。宝洁公司的前董事长理查德·杜普利（Richard Deupree）曾说："如果你把我们的资金、厂房及品牌留下，把我们的人才带走，我们的公司会迅速垮掉；相反，如果你拿走我们的资金、厂房及品牌，留下我们的人才，十年内我们将重建一切。"

对员工的尊重与信任体现在宝洁的方方面面，以日常工作安排为例：进入宝洁办公区，感受最深的就是宝洁自由自主的工作氛围和高效、快速、充满活力的工作节奏。宝洁没有上下班打卡制度，员工仅需要在上午十点到下午四点的核心工作时间处理工作即可，这有利于员工根据家庭或者自身习惯安排工作时间；员工还可以在每周的五个工作日内选择一天居家办公，节约通勤时间；此外，宝洁每年有长达 15 天的带薪年假和 3 天的福利假，公司会鼓励大家休假，平衡好生活和工作，并在每年年假即将到期时提醒员工尽快休假，很多员工会借此机会与家人团聚或旅行，拓宽视野。

宝洁相信员工与公司拥有共同的目标追求和利益，为员工提供弹性工作制、居家办公和年假制度等充分尊重员工生活与个人需求的福利制度，与员工的业绩表现并不矛盾。正是由于这样的信任，每一位员工都尽全力提升工作效率，保证工作质量，实现自身的影响力并为公司创造价值。

走心的关爱创新举措

企业对员工的关怀方法很多，大家所熟知的员工关怀举措也很多，很多企业简单地将"企业文化"视为"送福利、送温暖"。有些人力资源部和企业董事长也曾向我们抱怨过：给员工发了不少东西，也做了不少事情，但员工与企业之间始终没有产生"化学反应"，反而被员工说"形式化"，让人寒心。

实际上，这是因为"送温暖"的活动只走了形式，没有走心，并不是员工真正需要的。企业需要根据员工的特点和诉求，关注员工需求，尊重员工的声音，给他们需要的关注，倡导有爱的企业文化。

对于企业而言，观察员工所处的工作环境，及时为员工带来他们最需要的关怀，也是"走心的关爱"。在经历了多个企业调研后，我们整理了以下关怀做法（见表 3-4），供各位读者参考选用。

表 3-4　常见的企业创新关怀举措

平等、尊重的工作氛围	灵活、舒适的办公环境	关注员工身心健康
1. 对员工及时赞扬，含有具体内容的肯定，什么做得好，为什么做得好 2. 搭建员工心声社区或平台 3. 去阶层化的称呼（直呼其名、企业花名） 4. 建立员工申诉通道 5. 定期召开裸心会 6. 新员工欢迎仪式与聚餐 7. CEO 见面日、高管面谈会、高管午餐 8. 邀请员工父母参与表彰会 9. 以公司名义给员工父母寄感谢信 10. 颁发入职周年奖 11. 管理者与员工一起吃饭	1. 弹性的工作时间 2. 灵活办公 3. 舒适的办公家具 4. 无烟办公室 5. 母婴室 6. 休闲区（下午茶） 7. 灵活休息 8. 游戏化办公方式	1. 生病之后的慰问 2. 额外的商业保险（补充医疗险、大病医疗险） 3. 运动激励 4. EAP 心理咨询 5. 非休息日的团建 6. 非正式组织俱乐部 7. 亲子日 8. 节假日活动 9. 职业风险防护工具 10. 远距离公司的通勤工具及食堂

3 倍速培养

员工的忠诚是"培养"出来的

员工的忠诚是"培养"出来的，这个"培养"不是天天说教式地告诉员工"应该忠诚"，而是帮助员工成长。就像孩子对父母忠诚，是因为孩子的走路、说话都是父母教会的，孩子的上学都是父母接送、父母支付费用，孩子知识的掌握有父母的辅导，孩子心智的成长有父母的教育影响。也就是孩子不断成长所拥有的能力和思想大多都是父母赋予的，这就有了孩子对父母的忠诚。同样，如果员工所拥有的知识、技能以及心智的成熟、视野的拓展、三观的形成，都来自企业的培养，绝大多数员工会有更多的感恩，会对企业有更多的忠诚。

所以，企业需要投入资源、时间，承担风险去培养员工，这实际上是一种投资行为，是企业"先付出"的表现。这种投资行为会激发员工的感恩与忠诚，让员工更愿意留在公司。《影响力》一书中提到人类的"互惠原理",主要指人们如果收到其他人提供的好处,出于互惠心理,会返回等额或者超额的回报。在企业不计成本、不求回报地投入培养资源后,员工可以在企业内提升职业素养和工作能力,实现个人专业能力提升与职业心智的成长。

此类付出越多,员工的"互惠心理"也就越强,因此会更加认同和感恩企业,从而形成员工对企业的忠诚。这个忠诚源自企业的培养而非单纯的激励和选择,因此,让员工成长是有利于企业和员工自身的双赢策略。

此外,德锐咨询也曾提出"优秀企业稳健人才供应链"的理论模型(见图3-4),需要有70%及以上的人员来自企业的内部培养。由企业一路培养成长的校招生往往最适应企业的"土壤",对企业最忠诚,是企业文化的践行者与宣导者,也是未来文化传承的关键人员。

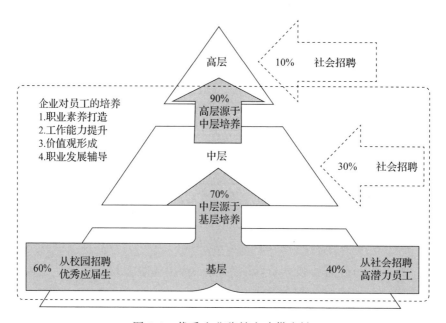

图 3-4 优秀企业稳健人才供应链

快速成长是年轻人的第一需求

中国人民大学徐世勇教授在 2020 年曾发布"2020 年中国新生代员工工作价值观公益调查报告"（见表 3-5），在回收 5197 份问卷后，发现"95 后"最看重的三项工作价值观：学习与成长、人际关系、薪酬与福利。调查也显示，"90 后""95 后"新力量最看重的工作价值观是"学习与成长"，这一点在不同生活圈层、不同城市、不同成长背景、不同性别等多个因素的影响下，都是毫无争议的第一位，年轻员工的个人成长意愿最强烈。

表 3-5 不同年龄段员工关注的工作价值观

年龄段最看重的三项工作价值观		重要性得分
95 后	学习与成长的机会	4.60
	工作中具有良好的人际关系	4.46
	薪酬与福利保障等物质回报	4.37
90 后 （出生于 1990 年～1994 年）	学习与成长的机会	4.36
	令人舒心的办公环境	4.25
	工作中具有良好的人际关系	4.24
80 后	在工作中能自由、独立地安排工作内容与时间	4.15
	令人舒心的办公环境	4.13
	工作本身有趣味性/挑战性/创造性	4.09
70 后	工作本身有趣味性/挑战性/创造性	4.02
	在工作中能自由、独立地安排工作内容与时间	4.02
60 后	薪酬与福利保障等物质回报	4.05
	令人舒心的办公环境	4.05
	在工作中能充分发挥自己的才能	4.00

也就是说，被培养、能成长是现在企业工作的主力军（"90 后""95 后"）中非常核心的诉求。而且由于整个社会的发展节奏越来越快，年轻员工对于成长的速度也要求更快，而不是过去必须在岗位上熬时间，重复过去"熬了近十年，才升个主管"这样的成长节奏。

因此，企业如何能够提供更高效的培养方式，帮助年轻员工更快速地成长，是快速发展的企业必须考虑的问题。

德锐咨询在《3倍速培养》一书中，提出"3倍速培养"理念（见图3-5），从四个角度帮助企业提高人才培养效率。

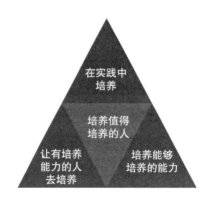

图 3-5　德锐咨询 3 倍速人才培养模型

（1）培养值得培养的人。如果选择的是错误的培养对象，那么对培养投入的时间和资源都是巨大的浪费，企业要通过冰山下的筛选，找出有意愿且有潜力的人才进行培养。

（2）让有培养能力的人去培养。对于被培养对象来说，除了需要配套的培养资源，更重要的是明确培养的责任人，企业需要让具备培养能力的人去培养，让具备培养能力的人成为管理者，并让有培养能力的人成为教练、导师。

（3）培养能够培养的能力。为了确保培养的投入产出比，需要根据培养的难易程度选择能力实现方式，对于难以培养的素质能力靠选择，对于容易培养的能力加大培养力度。

（4）在实践中培养。培养不是培训，需要讲究"训战结合"，最有效的方法是在实践中培养。

从高关怀的角度而言，人才需要被培养；从高绩效的角度而言，企业也需要更高效的培养方式。其中，选择值得培养的人、培养能够培养的能力均与前两章所提到的"严选合格的人"直接相关，本节不再赘述，仅展开介绍另外两部分内容：让有培养能力的人去培养，指的是为员工匹配称职且有能力的导师；提供机会、机遇，在实践中培养人才。

高效培养员工的三种方式

很多企业在人才培养上存在很大的误区，错把培训当培养，错把过程当结果，每年制定组织多少场次培训、多少人参与的培训指标，以为做足了培训，员工能力就能提升，组织内自然就会涌现人才。每年在培训上花费了很多费用和精力，但人才培养的成果却没有显现。这主要是因为，培训获得的更多是理论知识，与员工实际掌握技能还有一段距离。

培养的实效一分在课堂、二分在指导、七分在实践，即培养721模型，70%的实践是理论转化为能力的主要方式，20%的指导是实践过程中的反馈赋能。而实践培养的关键是提供匹配的实践机会，通过实践快速突破员工的能力边界，比如轮岗、扩大工作职责、导师赋能，等等。

方式一：系统安排轮岗，培养复合型人才及高层管理者。

从岗位胜任能力的角度来看，不同层级、不同岗位的人员，其思维方式、所需要的专业技能及所需处理的任务有着明显区别。从管理自我到管理他人，从管理一件事到管理多个业务，单一工作的线性成长很难让人才有所突破。因此根据员工的培养目的，有计划、有目标地设置轮岗计划，给员工提供跨部门、跨区域、跨职能的轮岗机会，能更有效地培养复合型优秀人才。

轮岗一定要有目的、有计划地实施。成功的轮岗实施需要找到合适的培养对象、明确的培养规则、详细的培养计划以及充分的组织配合与资源投入。例如，安排高潜管培生轮岗是为了使其快速熟悉岗位内容、上手；优秀的中高管轮岗是为了让其具备多视角转换的能力，有针对性地历练其管理能力，考验其领导潜能，等等。我们建议把对每一类人的培养视作一个小型人才培养项目，为每一个参与轮岗计划的人制订个性化轮岗计划及目标安排，确保轮岗目标明确、新岗位及学习要求充满挑战，这样才能激发他们能力，督促他们不断学习新的领导技能，持续磨砺自己的性格品质。

以下列举一个企业中层向高层培养的案例。

长达 36 个月的轮岗计划

被培养的负责人刘某某是公司某成熟区域（西北）的第一负责人，也是连续三年的公司区域冠军。因其营销技能出色，且展现出一定的全局思维，公司有意将其培养为事业部总经理。

第一步，公司安排让他去刚刚起步的区域（西南）任负责人，同时兼任西北区域负责人。西南区域的关键是搭建团队、打开业务局面，相对而言业绩压力反而不是很大。

第二步，在完成西南和西北两地的工作后，公司有意将他安排为西部地区的人力分管负责人，重点培养他对于全盘的人力规划能力，提升视野角度。如果他能持续证明自己的能力，那公司将会给他安排更大的挑战。

在以往的项目操作过程中，公司将项目管理常用的"一页纸项目管理方案"做了变形，引入关键人才轮岗目标设计及轮岗培养方案跟进（见表 3-6），获得了较好的效果。

第 3 章 以人为本的"高关怀" 75

表 3-6 轮岗培养方案

培养项目	XX公司2022年中高管潜力提升计划		导师			李玉		
培养人员	张星							
培养目标	从西北区域营销总监成长为事业部总经理							

分管职能部门	个人学习	轮岗岗位	培养目标					
			轮岗目标及输出要求					
			预计时间安排					

跨区域轮岗	里程碑目标	主要任务（含输出成果）	2022/1/1	2022/6/1	2022/12/1	2023/6/1	2023/12/1	2024/6/1	2024/12/1
			M1	M6	M12	M18	M24	M30	M36
	☆	1. 承担西南区域营销总监职责，分管西北区域，达成业绩目标	・在擅长范围内晴下硬骨头，打造人员基础，打出名堂						
	☆	2. 搭建西南区域营销团队，形成P6-P3的稳定架构	・从擅长的角度出发接受小部门内部流程管理，熟悉、了解内部管理流程						
	☆	3. 厘清西南区域内部管理问题，确保西南区域自运行顺畅	・保证业绩达成及团队指标达成，方可进入下一环节						
		4. 分管人力部							
		A. 外出学习	根据需求开展						
		B. 内部培养	根据需求开展						

	关键节点
轮岗培养负责人	轮岗部门负责人 轮岗培养负责人
公司支持人员	原直属上级 现直属上级 职能负责人 HRD HRBP 培养经理 副总裁

方式二：扩大工作职责，突破人才能力边界。

在员工已经胜任当前工作时，企业需要继续给予员工更多的职责，帮助其探索自己的能力边界，获得成长。此类培养更倾向于在原职责范围以外，让员工独立承接其他的任务，可以提升专业能力，为职位晋升或者轮岗做准备。

对于上级而言，将自己已经熟练掌握的工作分配给下属去做也是帮助人才成长的好方式之一。不藏私、给机会、教能力、强反馈，让员工自己去多试多承担，是3倍速培养员工的重中之重。

中国航天系"青年人当中坚"的人才培养

中国航天系人才成长快速，"北斗专列"总体设计团队平均年龄不超过30岁，型号"两总"的平均年龄只有47岁。一批批年轻的科技人才接过大旗，造就了"'60后'唱主角，'70后'挑大梁，'80后'当中坚"的航天人才梯队。[一]

航天系的人才发展如此快速，是因为他们敢将年轻人放在关键岗位上，让他们在岗位上学习，在任务中成长，"压担子"与多岗位培养并重。

对于年轻员工，都配备经验丰富、能力突出的老员工进行辅助指导，新老搭配、以老带新。实行助理制，选拔基础好、潜力大、提高快的"尖子"担任总设计师助理、总指挥助理，在最接近目标岗位的位置进行准备训练。目前，航天系人才储备的目标是航天工程和型号每推进一个阶段，人才就要跟进一批、储备一批。在载人航天工程、月球探测工程、新一代运载火箭等重大科研工程中的重要岗位上，都

一 资料来源：《中国青年报》。

有众多年轻员工的身影。

除了给年轻人合理地"压担子",也会通过轮岗的方式对人才实行多岗位的管理,全面发展员工能力,使得人才切实成长为"领军型""复合型"的将帅之才。型号总设计师和型号总指挥直接承担国家重大科技专项,既需要是领域的技术专家,也需要有很强的综合管理能力。

因此,长期的多岗位、跨领域锻炼也成了将帅培养的必然途径。一般而言,一名优秀的研发设计人才要在型号主任师或研究室主任等岗位上经过3~5年的锻炼后,才能成长为负责某一分系统领域的副设计总师或副总指挥,再经过3~5年的实际锻炼后,具有较高组织领导能力,能够从总体上把握型号研制和技术发展后,才能成为总设计师或总指挥的选拔对象。在其成长过程中,组织会帮助其不断拓展其关注的技术领域范围,提高其资源配置和技术决策能力。

方式三:为员工提供成长导师。

员工的培养主体始终是作为导师的管理者。企业中每一个人才的真正培养责任主体,应该是具有培养他人意愿与能力的管理者,是员工成长路线的直接导师。例如华为的人才培养核心理念就是,"用最优秀的人培养更优秀的人"。

一般来说,企业内成长的员工都会有两种导师,一是身边的成熟员工,没有明确的工作职责、上下级划分,但入行时间长、经验丰富,能够帮助新员工快速上手工作、快速提升专业技能;二是员工实际工作中的直接上级,有工作的交叉、更高视角,往往能在员工的心智成长、价值观建立、文化融合等层面给予指导。在员工不同的成长环节和阶段,这两个角色发挥着不同的作用。我们也建议企业无论规模大小，都为员工匹配以上两类导师，即专业导师与成长导师，培养中关键角色的基本任务如表3-7所示。

表3-7 培养中关键角色的基本任务

关键角色	基本任职标准	
	导师画像	关键任务
成长导师/直线经理	1. 专业过硬 2. 文化榜样 3. 正直热情 4. 同理心 5. 责任心	1. 将人才培养工作作为团队的关键任务 2. 合理规划、负责团队的人才结构 3. 投入时间对下属进行培养，培养合格接班人 4. 对被培养对象进行客观公正的评价 5. 具有不拘一格用人才的气魄 6. 定期面谈，帮助培养对象解决成长过程中的思想困惑
专业导师	1. 企业文化榜样 2. 先公后私 3. 学习能力强 4. 乐于分享 5. 耐心 6. 专业能力强	1. 对新员工的背景有充分的了解，掌握与发展目标的差距 2. 与被培养对象协商培养计划 3. 在日常工作中实现传帮带，一对一专业辅导 4. 对发展计划进行阶段性回顾、复盘和调整 5. 对被培养对象进行客观评估，帮助其成长

同时，企业也要对导师进行严格的要求与筛选。优秀的导师都应：

- 认同企业文化，向员工传递正能量。
- 有让被培养对象信服的过硬的专业技能。
- 具有打造组织能力的"造钟"意识。
- 具备先公后私的价值观，真正愿意帮助他人成长。

除了"言传身教"的成长导师、专业导师以外，企业也可以根据不同的培养目的设计"高潜人才专项导师项目"，为高潜的员工在企业层面制订跨部门、跨地域的导师辅导计划，用企业资源匹配导师，提升其专项能力。

高潜人才专项导师项目

企业内部通过对高潜人员的实际短板、发展方向进行分析，在企业各板块、范围为培养对象选配6～12个月的阶段性成长导师，主要用于解决企业层面的人才发展瓶颈。例如，供应链板块内的生产运营总监是一路从生产计划专员晋升至运营总监的，在生产、计划排产、ERP搭建等方面非常胜任，但缺失物流、营销等方面经验。

为此，2020年企业的专项导师项目分别为他选配物流总监、营销副总裁作为专项导师，结对时间各6个月，定制化地为生产运营总监拓展专业视角、提升专项能力。

基于此，2022年生产运营总监主推的几项供应链变革项目都取得了超出预期的成果。这类项目中的导师可以针对人才的某一关键弱项、短板进行强化，能达到事半功倍的效果。

高关怀通过满足员工的长远发展需要、激发员工的内驱力，实现组织的高绩效。但是，高关怀不是既给予员工高福利，又对员工心软容错，这是企业文化的误区。如果与企业的价值观、用人导向、激励导向脱节，忽视了对经营目标的支持，那反而会留下一批做事得过且过、失去目标感和使命感，进而不再关注个人的工作成果和团队的绩效表现的"白兔员工"。

最后，从高关怀的各个维度，我们为大家梳理了年度关键行动计划表（见表3-8），供大家在实际落地时参考。

表3-8 高关怀落地关键行动计划表

维度	子维度	关键行动	年度行动计划
高关怀	高于市场水平的薪酬	高于市场水平的薪酬	1. 调研竞争对手、市场的薪酬水平，衡量企业内部的关键、高价值岗位并为其输出有竞争力的薪酬宽带
		高于市场水平的固定薪酬	1. 梳理企业固定薪酬、提成、奖金、福利、补贴等多项薪酬构成 2. 将不必要的福利、补贴并入固定薪酬，以提升固定薪酬比例 3. 用更高的固定薪酬吸引高质量人员进入

（续）

维度	子维度	关键行动	年度行动计划
高关怀	高于市场水平的薪酬	持续的激励调薪	1. 制定明确的调薪规则、调薪要求 2. 每半年开展人才盘点工作，给优秀的人员加薪 3. 每年根据个人能力变化定期调薪
	走心的关爱	用平等让人更有尊严	1. 建立员工声音收集及反馈的渠道（例如信箱、访谈、高管午餐等） 2. 对于不尊重员工、屏蔽员工反馈的人进行批评
		用信任激发员工的责任感	1. 根据需要开展弹性办公 2. 尽量减少对员工的监管、对行为和动作的管控
	3倍速培养	用高效的培养方式帮助员工成长	1. 搭建标准明确的职位晋升体系 2. 根据员工的特质，分层、分类开展员工培养计划 3. 选拔优秀的后备梯队人员开展轮岗计划 4. 赋能每一个管理者具备导师的能力

■ 关键发现

- 高关怀的企业文化以满足员工核心需求为出发点，有利于提高员工的敬业度与忠诚度，建立其对企业的归属感与认同感。
- 高水平薪酬是企业对员工价值的最大认可，为员工提供的安全感、信任感可以为企业带来更高的利润空间。
- 薪酬激励需要公平感，给优秀的价值创造者更多的激励，也要对"不合适的人"少给甚至不给，让有价值的员工不吃亏。
- 培养是员工成长的第一诉求，为优秀的员工倾尽培养资源是企业提升员工"忠诚度"的首选方法。
- 从员工所需出发，提供的福利、健康关爱，是提升企业与员工之间黏性的常规手段。

Dual "Highly"
Corporate Culture

第 4 章

双高文化落地"七举措"

领导者最重要的才能是影响文化的能力。

——《华为干部管理制度》

双高企业文化中高严格和高关怀的内涵如何在企业落地?

我们提出企业文化落地的七项关键举措,构建了企业文化落地模型(见图 4-1)。

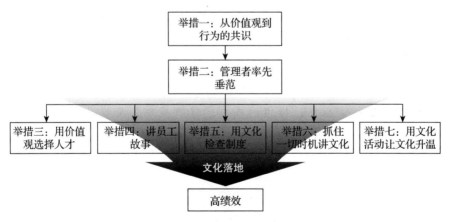

图 4-1 企业文化落地模型

举措一：从价值观到行为的共识

企业文化建设好坏的检验标准是：企业文化的理念与价值观要求有没有转化为员工的行为，以及是否能够自动、自发地体现在员工的日常工作和生活中。因此，让文字版本的使命、愿景、价值观转化成员工的行为，就是文化落地的第一步。

阿里巴巴"新六脉神剑"共识大讨论

作为企业文化与传承的核心要素，阿里巴巴的价值观及其考核方式一直颇受关注。过去19年时间里，阿里巴巴的价值观，从内容到考核方式，都在不断演变，其中最突出的就是如何从价值观转变成全员共识行为，值得企业学习。

2004年阿里巴巴的"六脉神剑"从改变员工的行为入手，将每一条价值观都细分出了5条行为指南，总共30项行为。而这30项行为，就成了价值观考核的全部内容，这是价值观行为化的第一步。"新六脉神剑"的制定工作从2018年8月正式启动，从基层员工、中层管理者到组织部，再到合伙人，上上下下，反复打磨，历时一年有余，在这个过程中：

- 经过5轮合伙人专题会议。
- 海内外9场沟通会，467名组织部成员激烈讨论。
- 涵盖全球各事业群，不同司龄、岗位、层级、年龄的员工参与调研，给出近2000条建议反馈。
- 历经400多个小时的专题讨论，前后修改20余稿。
- 直至2019年9月10日正式推出。

就像阿里巴巴一样，价值观行为标准形成员工共识的难度要远远大于确定价值观行为标准本身。因为行为标准的使用和每位员工息息相关，只有让他们内心认同并愿意身体力行，才能产生企业需要的行为。当员工对行为标准不理解或不知其形成过程时，对文化的理解将不尽如人意。因此，阿里巴巴在这个过程中不惜花费大量的时间去讨论以形成共识。

千人共识西贝文化

西贝的文化被西贝人当作信仰，西贝蓝图是西贝文化传播的主要载体。蓝图中的每一个字都是贾国龙董事长亲自带着西贝的管理层仔细雕琢的，据说是花费了上千万元的研讨成果。2020年我们有幸开展西贝人才盘点项目，当项目组进场与西贝员工接触时，能明显感受到西贝文化的鲜明以及西贝人的不一样。这些差异来源于他们的文化，可以说很多文化元素已经融入管理者和员工的血液。

即使企业文化做成这样，我们依然能发现虽然管理者对价值观的理解多数方向上是一致的，他们都能够讲出典型的案例故事，对每个价值观也都有印象深刻的点，但当说到对应的行为时，仍存在差异，对每个价值观倡导和反对的行为的认识仍不统一。

同时人才盘点项目需要对价值观的行为化足够清晰并达成共识，因此德锐咨询项目组与人力资源团队围绕价值观的行为共识做了以下动作：

- 举办了23场次"世界咖啡"研讨会，讨论共识价值观对应的分级行为描述。
- 涉及超过1000名管理干部与骨干参与。
- 价值观行为标准迭代了10版以上。

每一场研讨都是严格按照以下流程进行的。

第一步：撰写行为标准初稿。 基于对文化的理解，由人力资源团队主导，部门管理者配合共同撰写企业文化的行为标准初稿，初稿要求尽量精准地表达价值观的含义，并用西贝的语言来描述，图 4-2 是价值观之一"爱顾客"的行为标准初稿。

价值观	定义	0~1分（待发展）	2~3分（合格）	4~5分（优秀）	6~7分（卓越）
爱顾客	从心出发，真心诚意满足顾客需求，想方设法为顾客创造惊喜	服务滞后：服务意识弱，不及时、不周到	及时服务：热情待客，对顾客需求能够快速响应、准确满足	热情周到精气神：主动发现并满足顾客需求，为顾客创造美好体验	创造惊喜：为顾客创造超预期的体验，顾客把惊喜体验分享给更多的人和平台

图 4-2 "爱顾客"行为标准初稿

第二步：提前分组准备。 人力资源团队确定包含本区域中高层及基层业务骨干在内的参与本次素质模型研讨会的人员。针对这些人员进行分组，并从团队成员中挑选组长、组秘，对其进行培训，让其提前知晓研讨会的规则及各自的职责与任务分工。将六项价值观行为描述分成六组，一组一项并提前打印，确保到场的人员人手一份。

第三步：现场培训研讨。 在"世界咖啡"研讨会正式开始时，主持人对参会人重点介绍了"世界咖啡"研讨会规则与流程，然后在此基础上开展价值观行为的讨论。总的研讨分六个小组，研讨了六轮，每轮研讨遵循以下关键要点。

（1）对价值观逐个进行讨论。

（2）小组组员朗读每个素质，思考修改意见。

（3）组长组织组员逐个提出修改意见，并组织讨论明确修改意见。在这个过程中，重点让企业的老员工与领导者结合过去对企业文化的理解，启发大家。新人也结合自己的所见所闻谈感受，然后共同用企业语言修订价值观的行为内容。

（4）开始和结束时一起喊"世界咖啡"研讨会的口号："一二三四五六七，我们一起喝咖啡"，同时小组成员双手共同拍桌子。

（5）由组秘对全程讨论的问题点进行记录。

（6）进入下一轮讨论，组长、组秘待在原座位，新的组员加入。一开始组长给新成员说明上一轮的讨论意见，然后重复以上动作进行讨论，最终经过六轮，每一位员工都对价值观进行了讨论并发表了建议，最后达成一致。

第四步：小组汇报，逐个达成共识。每个小组将六轮讨论后的内容进行总结与提炼，用西贝员工能够理解的语言将最终的结果呈现出来，并在全员面前进行汇报，达成共识。汇报的时候，全员仍要对每个字进行思考，并提出疑问，然后大家再次进行讨论，达成共识，最终鼓掌通过并确定。

西贝的价值观行为就是这样逐个部门去讨论并达成共识的。这样的讨论虽然每次内容变动得并不是很大，但通过这种形式能够更深层次、更形象地传播企业文化，使大家对价值观的理解更加清晰明了，也统一了人才标准。直到目前，西贝仍在坚持用价值观行为标准进行人才盘点，也在不断地迭代行为标准，因为每次的盘点也是文化的碰撞和对文化的渗透。

"世界咖啡"研讨会：达成集体共识的绝佳武器

正如西贝那样，用集体智慧讨论价值观行为标准尤为重要，德锐咨询建议用"世界咖啡"研讨会的方式，巧用集体智慧对文化价值观达成共识。"世界咖啡"研讨会是一种简单、高效、快速达成共识的研讨方法，不仅可以运用于企业文化行为化的共识研讨，还可以运用在其他方面，比如达成管理问题的共识、战略举措的研讨等。"世界咖啡"研讨会具体的实施流程如表 4-1 所示，以文化价值观主题为例。

表 4-1　文化价值观"世界咖啡"研讨会流程

序号	环节	时长	内容说明	责任人
1	"世界咖啡"研讨会的工具培训	10 分钟	主持人对"世界咖啡"研讨会的流程、原则、分工进行介绍	主持人
2	介绍"世界咖啡"研讨会的主题	15 分钟	主持人介绍研讨主题的背景、达成的结果	主持人
3	行为标准试评估	5 分钟	参会人员选取一个试评价对象，对照标准进行打分	组长
4	第一轮讨论	30 分钟	组长引导成员逐一发表意见，开始第一轮讨论	组长
5	内容总结	5 分钟	每轮结束或开始小组共同喊口号"一二三四五六七，我们一起喝咖啡"，边双手拍桌子	组长
6	第二轮讨论	25 分钟	在上一轮基础上讨论，因此开始前组长介绍上一轮研讨结果	组长
7	第三轮讨论	20 分钟	研讨会按照小组轮动，分几组就讨论几次	组长
8	内容总结	60 分钟	主持人向全员再次征集修改意见并现场修改	主持人

除了流程，物料准备也是"世界咖啡"研讨会顺利开展的关键，表 4-2 介绍了一般"世界咖啡"研讨会的物料清单以及说明。

表 4-2　文化价值观"世界咖啡"研讨会物料清单

物料名称	具体详情
研讨的行为标准	提前准备并打印，人手一份
组长指引	每位组长一份
会议地点	封闭的大会议室
参会人员	中高层、核心骨干
课桌摆放形式	岛屿式，按照每 6~8 人一组进行分组

（续）

物料名称	具体详情
投影仪及话筒	投影仪：1个；无线话筒：3只
白板笔	红、蓝、黑各1支
A4纸	每组10张
电脑、翻页笔	自备
相机	自备

参与"世界咖啡"研讨会的成员建议是公司的所有管理层以及核心员工，通常这些成员会分为若干组。每个组都有两个关键的角色，一个是组长，另一个是组秘，在正式开展研讨会之前，需要提前选择与确定，他们对整个讨论的环节和过程起着至关重要的作用。其职责和角色选择标准为：

（1）组长。组长作为分组研讨时的负责人，引领小组成员进行讨论，组长要敢于独立发言，活跃小组气氛，调动小组成员讨论的热情，鼓励大家充分讨论。组长要在有限的时间内组织大家取得讨论的成果，所以组长的作用十分关键，通常我们要在讨论过程中给出组长指引（见表4-3），以有利于研讨顺利开展。

表4-3 "世界咖啡"研讨会组长指引

第一轮讨论（30分钟）
【开场示例】"各位朋友，我是××组的组长，我衷心希望每位伙伴都能提供好的思想和智慧，能给我们带来积极的建议、创新的观点和有效的方法。现在我们一起喊出'世界咖啡'研讨会的口号'一二三四五六七，我们一起喝咖啡！'我们讨论的话题是……"
【思考引导】"现在请各位伙伴都来思考……这个话题，并把你的建议、观点和方法写在桌上的白纸上，1分钟时间，现在开始。"
【轮流表达】"现在我们以顺时针顺序，轮流说出建议、观点和方法，每人1分钟时间。在轮流发言期间，我们实行'不打断、不质疑、不反对、不跑题'的'四不'原则。现在先从你开始。"
【自由发言】"谢谢大家的观点，现在我们可以自由发言，对于刚才大家表述的内容，你赞同和欣赏的观点有哪些？每人30秒，现在开始。"（3分钟）
【本轮总结】"根据各位伙伴提供的宝贵建议，我总结了这次讨论中大家比较集中的观点……，大家同意吗？有什么补充吗？"

（续）

第二轮讨论（25分钟）	
【开场示例】	"欢迎加入本组的新伙伴，这里是××，作为组长，我衷心希望每位伙伴都能提供好的思想和智慧，能给我们带来积极的建议、创新的观点和有效的方法。现在我们一起喊出'世界咖啡'研讨会的口号'一二三四五六七，我们一起喝咖啡！'我们讨论的话题是……，上轮对这个问题讨论的成果是……"
【思考引导】	"现在请各位伙伴都来思考'如何××××'这个话题，并把你的建议、观点和方法写在桌上的白纸上，2分钟时间，现在开始。"
【轮流表达】	"现在我们以顺时针顺序，轮流说出建议、观点和方法，每人1分钟时间。在轮流发言期间，我们实行'不打断、不质疑、不反对、不跑题'的'四不'原则。现在先从你开始。"
【自由发言】	"谢谢大家的观点，现在我们可以自由发言，对于刚才大家表述的内容，你赞同和欣赏的观点有哪些？每人30秒，现在开始。"（3分钟）
【本轮总结】	"根据各位伙伴提供的宝贵建议，我总结了这次讨论中大家比较集中的观点……，大家同意吗？有什么补充吗？"
第三轮讨论和总结（20分钟）：	
【开场示例】	"作为组长，欢迎来自各大'星球'的朋友，这里是××，前两轮的伙伴为我们带来了积极的建议、创新的观点和有效的方法。现在我们一起喊出'世界咖啡'研讨会的口号'一二三四五六七，我们一起喝咖啡！'我们讨论的话题是……，前两轮对这个问题进行了广泛深入的讨论，我们这一轮的任务是对前两轮的观点进行讨论并汇总大家的观点，最后大家达成一致，确定最关键的六点，现在我把前两轮的成果给大家介绍一下……"
【思考引导】	"听完这些，请把你赞同的建议、观点和方法写在桌上的纸上，2分钟时间，现在开始。"
【轮流表达】	"现在我们以顺时针顺序，轮流说出建议、观点和方法，每人1分钟时间，先从你开始。请大家遵守'不打断、不质疑、不反对、不跑题'的'四不'原则。"
【提炼发言】	"谢谢大家的观点，现在我们可以自由发言，对于刚才大家表述的内容和上两轮总结的内容，我们需要讨论出最为合理的六条积极建议、创新观点和有效方法。"
【本轮总结】	"根据大家提供的宝贵建议，我总结了这次讨论中大家比较集中的观点……，大家同意吗？有什么补充吗？"
组长工作：记录观点、归纳和提炼、提醒时间、维持秩序	

（2）组秘。组秘在研讨过程中承担记录工作，对小组成员在讨论过程中提出的建议和修改调整意见进行记录，并负责规则的执行。因此，组秘要善于聆听，擅长进行总结归纳，具有时间观念，敢于决策，帮助组长在小组内部形成一致的结论。

举措二：管理者率先垂范

文化推行关键在管理者

企业内部最强的变革动力来源于管理团队，管理者的转变可以引发其他一系列的重要变化，企业文化推行的关键也是在于管理者的率先垂范。企业文化是通过具体的行为形成的，先有员工的行为才有企业独特的文化，而不是先有文化后有行为。企业家与管理者的行为通常会是一个组织行为的代表，所以管理者会对文化的形成与改变起到关键的作用。

不过这同时也是已成形的企业文化难以改变的原因，因为改变文化意味着改变所有管理者已经习惯的行为方式。这时候如果管理者仍按照某种方式做事，那么就很难影响大家改变。因此文化变革更需要管理者率先改变。

设想如下场景，一群管理者决定通过注重培养人才让企业文化变得"更加高关怀"。但看看管理者的日程，根本没有时间做员工培养的事，也没有任何会议会讨论如何加速员工培养。在这样的情况下，他们又能抽出多少时间与员工面谈、指导以及赋能呢？如果从管理层开始就把员工培养放在其他事后面，又如何让员工感受到被培养以及组织的高关怀呢？

人们很容易认为打造企业文化就是喊口号或者改变别人的行为方式，跟领导者怎么做没关系。但是我们认为，企业文化调整应首先从领导者开始，想把企业变成什么样，领导自己就需要转变为什么样。

任正非艰苦奋斗的以身作则

2008年9月20日，巴基斯坦首都发生大爆炸。任正非要求到现场看望。当时出于安全考虑，驻扎巴基斯坦的华为负责人反复建议任正非不要过来。但是任正非说道："兄弟们能去的地方，我为什么不能去，谁再阻挡我去，谁下课""我若贪生怕死，何来让你们去英勇奋斗"。

很难想象一个创始人，像任正非这样，将军永远冲在一线，炮火就在脚边，战场就在眼前。优秀的企业，必定有优秀的领袖。领袖之优秀，在理性，在战略，在无私，在人格，在以身作则。

管理者宣言

管理者对文化建立正确的角色认知是他们能够率先垂范的前提。像入党宣誓一样让管理者公开宣誓，能够有效地强化管理者的认知以及率先垂范企业文化的行为。因为宣誓是一种公开承诺，宣誓会形成外在监督力，然后转变为内在控制力，最后外化为执行力。德锐咨询每一次晋升管理者时，都会让新晋管理者和上级同时向所有员工公开宣读"德锐咨询管理者宣言"，通过这种仪式感提升管理者对角色转变的认知。

德锐咨询管理者宣言

当我成为德锐管理者
我追求的不仅仅是让自己优秀
而是与德锐共患难同进退

从此
我不再是仅会制作咨询方案的咨询顾问
而是精通管理实践的管理者

我深知建设德锐组织能力的价值

从此
培养他人是我的重要责任
招聘人才是我的常规工作
市场开拓是我的不懈努力
产品研发是我的兴趣担当
组织建设是我的长期重任

从此
我开始坚守这样的信条
个人利益服从团队利益
团队利益服从公司利益
短期利益服从长期利益
所有决策和行动服从德锐愿景和使命

从此
我时刻提醒自己践行管理
用计划分工提升效率
用资源整合实现协同
用监督跟进确保达成
用愿景力量激发团队
学习客户经验
借鉴他山之石
坚持虔诚修炼

尽早成为德锐卓越管理者

德锐咨询设置管理者宣言的目的是强化管理者的角色认知,作为企业的管理者,要推行先公后私、打造组织能力的文化,即带头做打造组织能力的事,带头做出服从整体和长远利益的行为,而不是仅仅把自己作为项目的管理者。所以企业可以结合自身情况撰写自己的管理者宣言,通过这种形式来强化管理者文化榜样的责任。

管理者率先垂范六步法

如果企业想打造某种文化,那么管理者就要率先践行此文化,通过示范作用来影响团队,以起到榜样的力量。管理者率先垂范六步法是我们在《领越领导力课程》中学到的方法。此方法如表4-4所示,从日程、关键事件、故事、语言、衡量标准以及奖励六个方面开展行动,让自己能够快速成为某种行为的榜样。

表 4-4 管理者率先垂范六步

日程	• 你在时间上是怎么安排的?频率是多少
关键事件	• 将来发生的,能够凸显我们价值观的关键事件 • 真理时刻,突发事件
故事	• 讲曾经发生的故事,用以说明价值观是如何指导行动的 • 收集、分析、分享故事
语言	• 语言的选择:注意积极的,避免消极的 • 运用比喻和类比,把抽象概念具体化
衡量标准	• 设定目标,衡量产出/行为——"能衡量的才能够完成" • 找到适合的衡量工具,提供反馈
奖励	• 通过对行为的认可、对人的表彰、对完成任务的庆祝,向周围人传递正确的信息 • 树立榜样,强化我们所坚信的行为规范

表4-5是领导力课程上一位管理者树立客户服务价值观榜样的示例。

表 4-5 树立客户服务价值观榜样的行动计划

日程	• 每个月接听半天客户服务电话 • 每周到客户现场一次，解决问题
关键事件	• 下次出现客户争执事件，我亲自到现场处理 • 指定某人为客户争执事件的处理人，并培训处理的方法
故事	• 每周例会以客户服务的故事为开头 • 可以是成功的故事，也可以是失败的故事
语言	• 称员工为"伙伴"，而不是"员工" • 不再使用"服从"这样的字眼，部门间不要强调"你们""我们"
衡量标准	• 开展客户满意度调查 • 客户投诉电话降低到来电的 5%
奖励	• 面向全公司设立客户服务满意奖 • 表扬优秀的客户服务事迹，并传播到公司每个角落

树立客户服务价值观榜样的行动计划

王总是一家贸易企业负责人，近期发现团队对客户的服务意识淡薄，常常出现客户投诉的事件，为此希望在团队中推行客户服务的文化，那么他需要以身作则，成为团队客户服务的榜样，以下是他的行动计划。

（1）**日程**。首先是时间的分配，王总过去从不接听客户的服务电话，很少去客户现场，那么现在日程改为：

- 每个月接听半天客户服务电话。
- 每周到客户现场一次，解决问题。

（2）**关键事件**。王总明确了未来能够凸显公司服务客户价值观的关键事件为客户争执场景，并要求如下：

- 未来出现客户争执事件，将亲自到现场处理，而不是远程指挥。
- 指定某人为客户争执事件的处理人，并培训处理的方法。
- 带领部门人员共同复盘，形成机制。

（3）**故事**。讲曾经发生的故事，用以说明价值观是如何指导行动的，计划如下：

- 每周例会以客户服务的故事为开头，可以是成功的故事，也可以是失败的故事。
- 分享自己看到的优秀客户服务故事案例。

（4）**语言**。语言方式也要发生变化，称员工为"伙伴"，而不是"员工"，说到客户服务的要求，要具体到每个动作。

（5）**衡量标准**。在检验客户服务的文化改善方面，王总设定了客户服务改善目标与衡量方法：

- 开展客户满意度调查。
- 客户投诉电话降低到来电的5%。
- 面向全公司设立客户服务满意奖。

（6）**奖励**。为了在组织内树立榜样，强化客户服务的行为，王总要求每个部门每个月都讲述优秀客户服务的故事，并组织评选，对于评选上的人，公司予以奖励，并传播到公司每个角落。

王总明确了这六个关键具体的方面并持续了3个月，在这个过程中，每一位员工都能够清晰地感受到公司客户服务的价值和要求，大家对客户服务的意识也有了明显的变化，改善了原有的观念。

管理者双高文化率先垂范行为标准

除了公开宣誓与率先垂范的计划之外，管理者还可以对照双高文化的七个维度工作清单，确认自己的行为方式是否能对推动双高企业文化落地起到作用。如果答案是"否"，那么管理者就要思考如何进行调整。

表4-6是管理者双高文化率先垂范的行为标准，其中1~12项为

高严格对应的行为，13～20项为高关怀对应的行为。管理者可对照此表的要求对自己的实际行为表现进行打分，如果大部分符合则填写"是"，得1分，否则填写"否"，最后统计自己的得分。

表4-6 管理者双高文化率先垂范行为标准

关键维度	子维度	行为标准	是/否
高严格	坚持选择合适的人	1. 关注未来潜力及底层素质，以未来领导者的标准选择合适的人	
		2. 根据组织目标实现对人才的要求来制定选人的标准	
		3. 投入不少于20%的时间用于面试或主动出击寻找合适的人	
		4. 坚持推动组织发现并淘汰不合适的人	
	对高目标全力以赴	5. 根据愿景和战略制定日常的工作目标和计划	
		6. 坚定完成目标的信心，鼓舞团队达成目标的斗志	
		7. 面对挑战性的增长目标，带领团队想方设法实现目标	
	对违背价值观行为零容忍	8. 带头践行公司价值观	
		9. 公开表扬公司提倡的行为，敢于批评公司反对的行为	
		10. 对违背价值观的员工坚决淘汰	
	对客户卓越交付	11. 确保自己和团队的每次交付超出预期	
		12. 坚持根据客户需求改善产品交付	
高关怀	高于市场水平的薪酬	13. 用行业领先的薪酬吸引行业领先的人才	
		14. 薪酬向创造高价值者倾斜	
	走心的关爱	15. 不以权压人	
		16. 尊重员工的声音	
		17. 关心员工工作、生活的需求	
	3倍速培养	18. 通过面谈及时了解下属的成长需求	
		19. 不断给予工作历练和成长的机会	
		20. 给员工成长的路径、方法和信心	

- 如果得16分及以上，则说明管理者日常行为符合双高文化标准。

- 如果得 12 分及以上 16 分以下，则说明管理者日常行为基本符合双高文化标准，要警惕出现高严格或高关怀的失衡。
- 如果得 12 分以下，则说明管理者日常行为不符合双高文化标准，在组织中不能正向带动双高文化。

举措三：用价值观选择人才

当下很多企业越来越重视文化匹配，文化匹配是企业选人用人的重要标准。如果说能力代表着速度，那么文化契合度决定方向，一个员工即使能力很强，但如果文化不匹配，同样也是危险的，这类员工虽然短期能够带来业绩，但是并不可持续，而且对于企业的文化会带来负向的影响，给组织带来长期危害。

企业在建立后会逐步形成共识的文化，员工的价值观、行为往往都是一致的，但保持企业文化不会随着人数增加而稀释的关键在于，聘用价值观一致的员工和管理者，把好文化入口关。

招聘价值观一致的员工

很多企业都有明确的价值观，并且每一项价值观都有明确的行为标准，企业在做人才招聘时都会参照这些标准来判断候选人的适配度，针对价值观进行行为事例的提问，同时用 STAR 技巧进行深度追问，通过获取候选人过往成功行为的信息来精准判断候选人的价值观是否与企业相匹配。只有价值观完全一致的候选人，才能被录用为企业员工，有任何一项价值观不相符，哪怕其他几项再优秀，也不能被录用为企业员工，因为他们会稀释企业的文化，会让企业的价值观不再纯粹。

企业的管理者是选人的第一负责人，管理者要具备价值观识别的能力，通过严格控制自己团队的价值观纯度，保证整个组织文化的一致性。

严格考察文化影响力的沃尔玛

沃尔玛仅有60余年的历史，但全球员工人数达210万人，可以说是全球最大的私人雇主。虽然员工人数众多，但它的企业文化却是零售业界的榜样。沃尔玛一直非常重视企业文化的作用，并充分发挥企业文化对形成企业良好机制的促进和保障作用，增强企业的凝聚力和战斗力。这也是沃尔玛能够荣登世界排行榜的重要因素。

沃尔玛在选择员工时，每一位管理者都会考量文化适配性，无论是外部招聘还是内部晋升，都要考量一项至关重要的成功要素，就是文化影响力。在考量这个成功要素时，会针对企业提倡的价值观，比如诚信行事、尊重他人、服务顾客、追求卓越等进行行为事例的提问，再通过对事例的追问判断对方是否具备这些素质。沃尔玛文化影响力考察表如表4-7所示。

表4-7　沃尔玛文化影响力考察表

文化影响力（诚信/敬业/尊重他人/追求卓越）
定义 对企业文化的认同感，主动传播企业文化的意识、行为和有效号召他人的能力
成功行为标准 • 总是提出富有创造性和有效的方法贯彻人才多元化和天天低成本的理念 • 为员工做示范，坚持并带动诚信理念 • 正确解释并引导员工理解和运用文化政策 • 利用不同场合和渠道讲述企业文化

（续）

文化影响力（诚信/敬业/尊重他人/追求卓越）
参考问题 • 为顾客省钱是我们最重要的商业理念之一。请分享你在这一理念方面的一个具体事例，你如何评估其效果 • 诚信原则经常会面临挑战。请举例说明你曾克服困难维护诚信的一个具体事例，当时的情况是怎样的 • 团队当中，多元化是一个很常见的问题，以往在你带领一个团队或与其他团队成员共事时，你是如何支持多元化的 • 请介绍你曾涉及的关于公平或职业道德方面的一个棘手问题。具体背景情况如何？问题解决的过程和结果怎样 • 请讲述你曾在某一事件发生后主动承担责任，承认个人失误的一次经历。事件后来的发展怎样 • 有时我们需要与不同行为风格的人共事。请讲一下你曾经类似的经历，是否克服了彼此的性格冲突并取得预期工作效果 • 组织内部的分工有时无法完全清晰，请问你是否有主动承担某一份外工作的经历，或者试图解决一些与你的工作职责并不紧密相关的问题 • 有意识地提高自身的工作技能和管理能力会直接影响你在工作中的表现。请具体说明你曾选择某一途径来提升自身素质。出发点怎样？结果如何 • 我们都知道：要成功不能单靠运气，努力工作是必需的。请介绍你曾付出巨大努力完成某件事情的经历，并具体解释最终取得的业绩

选择价值观高度一致的管理者

作为企业文化传播者与践行者的管理人员，如果自身的价值观都与企业倡导的价值观相悖，自然也带不出价值观与企业倡导的价值观相匹配的员工，甚至会给整个组织带来负面的影响。因此，任用价值观高度一致的管理者对一个企业的文化至关重要，价值观高度一致的管理者，才能培养出价值观一致的员工，才能确保企业文化不被稀释，才能够使企业文化长久保留。

我们建议，企业在选拔干部时除了考察业绩表现、管理能力、敬业与奉献精神以外，还要重点考察候选人的价值观匹配度。价值观的考察可以通过人才盘点的方式对候选人的过去表现做深入调查，比如360访谈、圆桌会议讨论等，这些做法可以帮助我们判断价值观的匹配度。除此之外，对于高层管理者而言，我们建议将文化核查作为所有晋升选拔、定期评价的门槛标准，让企业选择出与企业价值观高度一致的管理者。表4-8是沃尔玛管理者晋升文化核查表。

表4-8 沃尔玛管理者晋升文化核查表（诚信）

★ 申请人基本信息
（注：申请人是指员工的直接上级或者需要对员工进行文化核查的相关部门负责人或授权人）

姓名	入职时间	部门	职位

签名：_____ 日期：

★ 员工基本信息

姓名	性别	入职日期	职位	职等	工号

单位名称	大部门	二级部门

★ 员工诚信信息核查——投诉/调查情况

部门	投诉/调查类型	属实	不属实	部分属实	日期	备注
核查部	礼品馈品					
	利益冲突					
	与供应商关系					
	商业机密					
	工作流程					
	其他类型					
人力资源部	不公平对待员工					
	不尊重个人					
	不服从管理或公司决定					
	损害公司利益					
	性骚扰					
	亲属雇佣关系					
	其他类型					
	合计					

核查部门核查人/日期：　　　　　　　人力资源部核查人/日期：

举措四：讲员工故事

用一个个生动的形象代言企业，文化才会鲜活，才能直观映射到脑海；用一个个鲜活的故事塑造文化，企业才会有魂魄，文化才能在内心扎根；用一个个真实的领导或员工实践文化，企业才会真实，有血有肉。企业文化如果只有制度或者清晰的标准，那么就无法影响员工内心深处。通过典型故事、标杆案例对企业文化进行宣传，不仅能够让文化传播更加生动，还能为员工树立榜样，让榜样持续对文化产生影响。

讲员工故事也是一种造势的手段，只要组织势能起来了，员工的行为自然会容易改变，这符合人们思想变化的规律。任正非就是一个思想工作的行家里手。他说"思想工作一定要做'势'，即努力造就一种强大的、拥护主流价值观的舆论氛围，明确要求组织内部从上到下要人人喊好，个个赞同。开始的时候，可能只有少数人是百分之百认同，绝大多数人会有不同程度的保留。这不要紧。'假'，也要跟着喊，只要最高管理层是真想、真说、真做，并且长期坚持下去，下面的人'假'久了，慢慢也能成真。"

用员工故事传播文化

文化是后天习得的，大部分员工是通过行为带来的回报或负面后果来学习执行某些行为，遵从某个文化的。当一种行为得到奖励时，它就会重复，这种联系最终成为文化的一部分。很多企业通过宣传员工故事塑造身边的典型人物、具体行为来影响文化，起到以下事半功倍的效果。

- 对文化快速达成共识。通过典型故事诠释文化，远比枯燥的语言效果更好，能够加快员工对企业的愿景、使命、价值观的理解，保持员工与企业价值观的一致性。
- 寻找企业文化榜样，带动员工行为。通过树立企业文化标杆，鼓励企业全体员工积极发现与践行工作中的优秀文化行为。
- 消除新员工对组织的陌生感。展示企业的员工故事，记录企业曾经发生的故事，能够拉近新员工与组织的距离。
- 传承企业历史。使员工更多地了解企业发展过程中各阶段的关键人物与示例、企业的价值观及其历史形成过程，塑造和树立企业形象。

康健药房连锁企业文化故事征集案例

康健药房（化名）是国内知名连锁药房品牌，公司于2015年成立，凭借市场红利以及粗放的激励模式，快速"跑马圈地"，已经拥有线下门店2000多家，拥有8000多名员工。但是随着规模快速扩张，文化也在不断稀释，因此公司打算重塑企业文化。在明确了企业文化内涵后，人力资源部希望通过员工故事更快地传递公司的文化理念。

为了收集更多的员工故事，让好故事为康健药房的企业文化代言，人力资源部进行了四个步骤。

（1）征集：由公司人力资源部统一收集各部门/大区践行公司核心价值观的员工故事，各部门/大区每月例会增设员工故事环节，收集员工故事，每月10日前将员工故事以规定形式整合，发送给人力资源部。

（2）审核：人力资源部对各部门/大区提交的员工故事进行审

核，审核内容包括员工故事的格式以及员工故事的真实性，对于虚假事例予以退回。

（3）积分：通过审核后，每则员工故事的主人公可获取30积分，员工故事讲述者可获取20积分，同一个故事不重复提交。每季度公布一次积分，积分会有一定的奖励兑换。

（4）宣传：每月收集完员工故事后，人力资源部挑选有代表性的事例在微信群、微信公众号、官网或者公司宣传栏进行公示，针对优秀案例，制作主题海报，张贴在公司人流密集处。

每半年度（在7月和次年1月）整理前两个季度的员工故事，编辑成册，用于内外部的学习宣传；对于年度明星案例，拍摄制作主题宣传片，在公司大型活动现场展播。

同时为了让员工故事更规范，人力资源部明确了员工故事撰写的格式，包含7个部分：故事标题、时间、地点、主人公、讲述人、故事情景、文化体现。参考示例如下。

故事标题：绿皮火车上的深夜之光

时间：2019年4月19日

地点：绿皮火车车厢

主人公：李军、胥芹、王修亮

讲述人：吴义军

故事情景：2019年，三水慢病定点门店竞标开始。竞标对当地企业有一定倾向性，我们并不具备明显竞争优势。公司对此次竞标高度重视，立即成立"慢病投标小组"，相关工作迅速开展，目标只有一个：必须成功。公司年度的旅游恰逢此时，胥芹负责材料汇总整理，她拎着电脑，踏上了西安之旅。

回程的火车上，李军副总和胥芹晚饭都没有吃，直接就开始了数据讨论。面对陌生软件，两人犯了难。一旁的王修亮见状主动加入，三个人开始一点一点地摸索。夜晚，夜深人静，车厢已经熄灯，此起彼伏地传来轻微的鼾声，可在一节车厢中，微弱的手机和电脑灯光仍在闪烁，李总、胥芹和王修亮还在轻声讨论、整理数据。旅途的疲乏挂在脸上，但目光却分外明亮，就这样标书初稿诞生在这深夜的绿皮火车上。

功夫不负有心人，竞标结果揭晓，我们以高出对手18分的无可争辩的成绩成功拿下三水12家慢病定点门店经营资质。这份成绩背后闪动的是车厢内的深夜之光。

文化体现：他们用实际行动践行了我们一切从实际出发，直面问题，全力以赴达成目标，不完成不放弃的文化价值观。

用新媒体传播员工故事

当下流量时代，员工更希望看到生动、有趣、便于阅读的内容，所以很多企业借助新的工具传递员工故事，成本更低、覆盖范围更广、形式更触动人，比如西贝每日都会在公众号上推送《西贝员工的故事》，还原了那些日常在一线忙碌且值得传颂的每一位西贝人的故事。

西贝还把一位员工的故事拍成微电影《马姨》，该影片还原了早期西贝财务人员马姨在西贝工作20年中的三个真实故事。20年间，马姨在财务岗位上创新管理、建章立制、堵漏补缺，为西贝的财务体系夯实了基础。在退休时，马姨被授予"西贝终身员工"奖。西贝经常组织全员观看学习电影《马姨》，深刻体会西贝人的文化，同时公司组织各部门进行马姨精神评选，极大地落地了企业文化。

字节跳动把价值观拍成小视频，视频中用故事诠释了每个价值观希望传达的含义,并生动有趣地传播出去,这同样也是员工故事的展示方式。

举措五:用文化检查制度

文化催生制度,制度是文化的载体,同时又衍生文化,二者强关联,并且在互动中产生深远影响。如果文化理念与制度层面不匹配,不能与日常生产经营有机结合,就很难通过有力的机制作用到员工的行为层面,容易造成文化"虚"的问题。可见,企业文化的落地离不开文化与制度的匹配。每年审视企业的规章制度、行为规范等与文化理念的匹配性,并进行相关的迭代,就可以确保制度永远承载文化。用文化检查制度通常可用三步进行。

第一步:找到与双高企业文化最密切相关的制度。在双高文化中我们提到的七个维度通常涉及的制度有薪酬福利制度、培养制度、文化制度、绩效制度、招聘制度、客户管理制度、质量管理制度等。

第二步:审查制度与企业文化导向、双高文化的匹配性。审查这些制度内容与文化价值观以及双高文化的匹配性,是背离还是符合,还有哪些文化未体现在制度中。

比如某个企业想要构建起"奋斗者"的文化,但审查薪酬管理制度时发现,"福利占比过重""定薪以职务级别为准""凭职称、工龄、学历可直接补贴"等内容违背了"奋斗者"与"高关怀"文化。此时必须进行制度优化,即淡化福利,以岗位重要度和贡献度为付薪依据,将资历和学历作为能力评价的参考因素,取消或降低工龄、学历补贴。

第三步:对违背文化的制度和内容进行优化。对照企业文化,对企业现有的相关制度逐一进行审查，符合文化的制度，继续维持；背离文化的制度，进行摒弃/优化/新增。某公司制度与文化审查表如表 4-9 所示。

表 4-9　某公司制度与文化审查表

公司现行制度内容	双高企业文化维度	对应价值观	符合/背离	行动计划（维持/摒弃/优化/新增）
绩效制度中公司整体目标不与部门挂钩	高严格	团队	背离	优化
公司未制定关于违反价值观的行为的处罚制度	高严格	/	背离	新增
报销提交后即可打款，发票审核可滞后	高关怀	真诚、高效	符合	维持
按照职位、学历、职称定薪的薪酬制度	高关怀	奋斗	背离	优化为以岗位重要度和贡献度为依据

举措六：抓住一切时机讲文化

华为在对干部的使命与责任定义中，首先要求的就是"领导者最重要的才能就是影响文化的能力"。华为认为思想权和文化权是企业最大的管理权。面对文化变革或落地，干部要在员工中起到催化剂的作用，通过对自己的严格要求带动周边员工对政策的理解和认同。干部不仅要帮助员工了解企业，更重要的是要帮助员工去理解企业文化。因此管理者可以通过在不同的场合和时间高频地讲文化来影响和带动文化的落地（见表 4-10）。

表 4-10　传播企业文化的"6W1H"

维度	内容
WHY（为什么讲）	保障全员对文化有统一准确的理解，让文化内化于心
WHAT（讲什么）	发展历史，企业的产品和服务，企业的使命、愿景、价值观，以及企业的战略、企业的发展前景、关键的文化代表或事迹

（续）

维度	内容
WHO（谁来讲）	总经理、中高管、部门负责人、导师、主管、骨干员工
WHOM（对谁讲）	所有老员工、新员工、离职员工、客户、合作机构
WHEN（什么时间讲）	新员工入职与转正、发展面谈、日常会议、培训、重要的节日、岗位竞聘等任何可以讲文化的时候
WHERE（在哪里讲）	会议室、培训室、面谈室等一切可以交流的场所
HOW（怎么讲）	通过正式的文件、关键事件、员工故事

举措七：用文化活动让文化升温

将企业文化有针对性地融入团队活动中，以体验的方式让员工感受企业文化，是一种很好的文化落地手段。在企业文化落地的推进过程中，很多时候我们通过培训、刊物、视图等方式来宣传企业文化，而文化活动通过模拟一些场景与游戏，可以让员工以更加主动、内发的方式去感受企业文化，更加生动深刻。文化活动是一个帮助企业提升员工核心价值的训练过程，对于企业凝聚力提升、企业文化的推动意义巨大。

常规的文化活动有员工生日会、总经理面对面、周年庆、企业年会等（见表4-11）。

表4-11 企业文化活动一览表

序号	类型	项目	目的	频次
1	关怀	员工周年纪念活动	增强员工归属感	1次/月
2		总经理面对面	营造平等、信任的文化氛围，增强员工归属感	1次/季
3		员工生日会	关爱员工，提升归属感	1次/月
4		健康体检	体现人文关怀	1次/年
5		新员工入职第一天聚餐	加快新人融入，体现关怀	机动
6		部门聚会活动	提升团队凝聚力	1次/季

（续）

序号	类型	项目	目的	频次
7	节日活动	各重要节日活动	增加节日气氛，增强员工对公司的归属感	机动
8	文化竞赛	徽章设计大赛	加深员工对文化的理解，提高员工归属感	机动
9		体育竞赛	增加团队凝聚力	机动
10		知识竞赛	增强员工对知识的掌握	机动
11	表彰	公司周年庆（公司日）	提高员工归属感	1次/年
12		员工喜报	增强员工荣誉感	随时
13		明星员工评选	增强员工凝聚力，树立标杆	1次/年

下面我们展示一项来自沃尔玛的文化活动，学习他们如果通过PIN文化活动让文化升温。

12年积攒了516枚沃尔玛PIN（徽章）

沃尔玛从一个乡村小镇的小杂货店成长为世界企业500强的大型跨国零售业帝国，其影响因素是多方面的。其中山姆·沃尔顿所倡导的、多年实践的企业文化所起的作用是不可估量的。美国凯马特连锁创始人这样评论他的竞争对手："无论是到世界各地的哪一家沃尔玛连锁店中，你都会感受到一种强烈的触动。"长期以来，沃尔玛的企业文化使沃尔玛的员工紧紧团结在一起，他们朝气蓬勃，团结友爱。

沃尔玛的文化活动是很难学得来的，但从常见的PIN（徽章）文化中可以窥见一些踪迹。PIN是沃尔玛自己设计的徽章，用于奖励员工，员工之间可以互相流转的一种文化活动。保守估计，沃尔玛公司成立以来，各种PIN的发行应该早已超过1万种了。事实上PIN文化在沃尔玛不仅是一种员工激励方式，也是公司内部感情交流的媒介，能够拉近员工彼此的关系，营造平等的氛围，更是培养对公司忠诚度的一个重要技巧。

以下是我们对一位在沃尔玛工作 12 年的 HR 经理进行的一次关于 PIN 文化活动的采访，可以借此来了解 PIN 文化。

Q：您一共收集了多少枚 PIN？

A：大概有 516 枚。

Q：什么驱使您有这么大的意愿去参与这个？

A：刚进沃尔玛的时候，我发现很多同事的工作牌上面有一个带子，带子上面挂了很多 PIN，但是我没有。然后我问他们这个东西哪里来的，我很好奇，它们很漂亮，有各种不同的形状。

然后他们就很骄傲地告诉我，这是他们获得的奖励，比如去支援了新店，新店店长奖励的，或者上个月被评为了优秀员工，店长奖励的。所以我会觉得这是优秀员工的象征，拥有的越多越优秀。我觉得这很有意思。PIN 设计得很漂亮，寓意也很好，让我产生了拥有的欲望。

Q：当你想自己拥有，这时候你怎么办？

A：PIN 是用钱买不到的，你只能努力地工作，它虽然很小，但是它代表了一种激励，当你表现得很优秀的时候，你的上级或者你的合作伙伴就会奖励给你。你也可以主动跟身边的伙伴互动交流，用你多余的 PIN 去跟别人换。

一般新店开店或者做活动的时候，公司会预定固定数量的 PIN，作为物质奖励。我们没有什么大的物质奖励，公司就用这个东西去奖励员工，所以你收藏得越多你就越骄傲，别人特别羡慕，看到别人羡慕你的眼神和表情，你会很有成就感。

Q：有多少人像您一样参与进来？

A：我感觉每个人都会参与进来，这个东西能够激发大家想拥有它的欲望，你想拥有就必须表现好，多跟大家互动。我们经常看到一些退休的老人站在年会酒店的门口跟大家互动交换，他们对PIN很着迷，沃尔玛有太多这样的员工。

Q：您觉得PIN给你们团队带来哪些变化？

A：第一，我觉得它有一种牵引的作用，牵引你想要得到它。给你设定一个小目标，当你达成的时候，你就能获得它，它的作用类似于奖金。

第二，它会形成一种氛围，这种氛围会激发员工的热情，团队中有一些不是那么活跃的人，但是一看大家都在搞这个东西，这些人也会参与进来。

第三，会让团队的氛围更活跃，因为PIN让大家多个话题。因为这个话题，大家相处的氛围很融洽，否则的话，你干巴巴地老说工作也没什么意思。

PIN的流转一般是三个方式：年会发行或各店发行；培训或开会时交流；作为奖励与表扬。PIN的种类很多，具体如下。

第一类是每家店制作的店徽形式的PIN。对于一般公司而言，这些涉及企业形象的东西，即使不是委托专业公司设计，那最起码也是由内部的专业人士去专门设计，但沃尔玛不是这样。从这些PIN的图案可以看出沃尔玛对普通员工能力的发掘与肯定，因为这些PIN的设计百分之百是由普通员工完成的，没错，就是你经常见到的在商场里搬运货物或是做收银工作的人。"最好的点子来自普通员工"，这是沃尔玛贴在墙上的标语之一。也许从专业角度来看，有出彩的也有一般的，但对那些有强烈参与感的员工而言，自身受到重视的感受是无法形容的。

第二类是表示庆祝的 PIN。沃尔玛有一个知名的企业文化，就是"成功要大肆庆祝"，当年山姆·沃尔顿在华尔街跳草裙舞就是一个著名的例子。

第三类是年会发行的 PIN。沃尔玛在各国的总部都会把明年的主题通过 PIN 的形式推广。每年都有不同的主题，具有特色的几枚分别是：2002 Let's Roll！向前进！ 2003 It's My Walmart 我的沃尔玛。2006 以客为本，始终如一。2008 更省更好更强……公司通过设计年会 PIN 的方式，将战略渗透到每一个普通员工的日常工作生活中，从而保持公司整体步调一致。

第四类是宣传企业文化主题的 PIN。作用不言而喻。

第五类是特殊部门单独发行的 PIN。这类 PIN 是对这些平时默默无闻的部门的极大肯定。

第六类是专题 PIN。这类 PIN 迎合了员工对公司与时俱进的期望。

第七类是生肖 PIN。这类 PIN 一般和新年主题关联，反映出对本地文化的重视。

PIN 虽小但运用好却能让文化大大升温，很多企业都可以借鉴沃尔玛的 PIN 文化。

PIN 文化实施示例如下。

某公司成立 10 周年纪念徽章征集大赛

一、目的

2022 年 4 月 18 日是某公司成立 10 周年，为纪念这个特殊的日子，公司将发行10周年纪念徽章。为充分发挥公司全体员工的智慧，现组织纪念徽章征集大赛。

二、筹划小组

1. 人力资源组：牵头组织徽章设计、评选、美化、制作、发布。
2. 各部门负责人：组织各部门员工参与徽章的设计与作品提交。
3. 行政部门：协助进行徽章的美化、制作。

三、大赛流程

1. 徽章设计。

以部门为单位，每个部门需要提交至少2件作品，多多益善。作品包括：作品（作品格式为JPG、GIF、PNG）、作品名称、作者、作品简介（100字左右）。

作品可由部门内个人设计，也可在部门内成立小组进行设计，具体形式由各部门自行统筹。

3月31日前提交作品至人力资源部。

2. 徽章评选。

（1）人力资源部对各部门提交的徽章进行初步筛选，剔除明显不合适的作品。入围的作品在线上由全员进行投票。

（2）评选标准。

品牌：符合公司品牌调性，具备可识别的品牌元素。

创意：设计构思巧妙，作品立意新颖。

美感：造型、色彩应用及呈现方式具备美感。

实用：符合使用习惯，可量产，高市场接受度。

3. 徽章美化。

通过最终评选的徽章，将交由外部设计公司进行美化、设计，4

月 7 日前完成徽章样稿。

4. 徽章制作。

将徽章样稿交由外部设计公司进行制作，4 月 16 日前完成徽章制作。

5. 徽章发布。

4 月 18 日，统一发布纪念徽章，在职员工每人一枚。

2022 年 3 月 25 日

■ 关键发现

- 企业文化建设好坏的检验标准是：企业文化的理念与价值观要求有没有转化为员工的行为。
- "世界咖啡"是一种简单、高效、快速的文化共识工具。
- 企业内部最强的变革动力来源于管理团队，管理者的转变可以引发其他一系列的重要变化，企业文化更是如此。
- 企业的管理者是选人的第一负责人，管理者要具备价值观识别的能力，通过严格控制自己团队的价值观纯度，来保证整个组织文化的一致性。
- 讲员工故事也是一种造势的手段，只要组织势能起来了，员工的行为自然会容易改变，这符合人们思想变化的规律。

Dual "Highly"
Corporate Culture

第 5 章

企业家用双高文化打胜仗

领导者若不能以身作则，企业文化一定会沦为摆设。

——《创业维艰》，本·霍洛维茨

自企业诞生的那一刻起，企业文化也同时产生了，企业文化的发展是从自发到自觉的过程。在这一过程中企业家作为企业生产经营的决策者，是企业文化的倡导者和培育者，更是企业文化建设的人格化代表。

正所谓"企业文化就是老板文化"，企业家的思想意识、个人品行、价值观以及实际行为等都在很大程度上影响企业文化的走向和实质内容。如果没有任正非的身体力行，就没有华为艰苦奋斗的文化；如果没有张瑞敏的率先垂范，就没有影响全球的"海尔文化"；如果没有山姆·沃尔顿的以身作则，就没有沃尔玛的节约文化。

以身作则践行双高文化

无论企业家想要的是一种什么样的文化——学习氛围浓厚的文

化、崇尚节俭的文化，还是人人奋斗拼搏的文化，都必须自觉自愿地身体力行，否则只会徒劳无功。如果企业家倡导的文化和其日常的所作所为背道而驰，那么员工不会按他所倡导的去做，而是会以他的行为为榜样去做。孔子在2000多年前就说出了这个道理："其身正，不令而行；其身不正，虽令不从。"

我们在做管理咨询的早期就发现：不能按时上班，每天睡到中午才去公司的老板，不可能成功。因为不自律的老板不可能带出纪律严明、高效率、有战斗力的团队。

很多优秀企业文化的形成，根本原因是领导者起到了示范作用。企业家是一个企业的最高领导者，他的一言一行影响着一群管理者，这群管理者又会影响整个企业的文化。就像这些例子：

正因为有了"我若贪生怕死，何来让你们去英勇奋斗"的任正非，有了任正非坚持亲自去灾区看望员工等行为，才有了华为艰苦奋斗的文化。

正因为有了"绝不乱花一分钱"的山姆·沃尔顿，有了山姆·沃尔顿开着二手皮卡车，戴着打折的棒球帽，直到去世仍住在小城的一所旧房子里等故事，才有了沃尔玛节约的文化。

正因为有了接近偏执、坚持创新的乔布斯，有了乔布斯一系列颠覆性创新的事例，才有了苹果产品至上的文化，从而使得苹果成了世界上最具价值的公司。

同样，对于落地双高企业文化，也要从企业家以身作则开始。企业家要时时对照双高文化，不断调整自己的行为，以确保自己的行为能为企业上下起到榜样作用。即使自己过去长时间坚持以某种方式行事，但如果与双高企业文化相违背，也要坚决改变，否则就很难说服大家改变。

表 5-1 中是从优秀企业家的行为中提炼出来的有效推动双高企业文化建立的行为标准。

表 5-1　企业家推动双高企业文化建立的行为标准

关键维度	子维度	行为标准	是/否
高严格	坚持选择合适的人	1. 关注未来潜力及冰山下素质，选择合适的人	
		2. 根据组织目标实现对人才的要求制定选人的标准	
		3. 投入不少于 20% 的时间用于面试或主动出击寻找合适的人	
		4. 坚持推动组织发现并淘汰不合适的人	
	对高目标全力以赴	5. 制定并经常公开介绍愿景	
		6. 带领管理者制定企业战略目标	
		7. 即使遭遇逆境，依然全力以赴，保持企业持续增长	
	对违背价值观行为零容忍	8. 保持每个决策、每个行动、每句话都与价值观一致	
		9. 对违背价值观的行为严厉处罚	
		10. 对价值观不相符的人坚决淘汰	
	对客户卓越交付	11. 对产品和服务持续进行研发与改进，做到"人无我有""人有我优"	
		12. 坚持每次交付都达到或超越客户的要求	
高关怀	高于市场水平的薪酬	13. 用行业领先的薪酬吸引行业领先的人才	
		14. 确保每年定期调薪	
	走心的关爱	15. 平等对待各级员工	
		16. 尊重一线员工的声音	
		17. 不因自己的喜好或面子或私人关系任用人员	
	3 倍速培养	18. 带头担任培养导师，通过面谈培养下属	
		19. 敢于在人才培养方面投入时间和资金，花费精力打造培养体系	
		20. 手把手培养高潜后备梯队	

不要做老好人

阿里巴巴的一位创始人曾说过："当所有的员工都喜欢当老好人

时，那你的企业差不多就要关门了。"企业中的"老好人"影响了人员的合理配置，限制了员工的执行力与能力的提升，更是企业落地双高文化中"高严格"的最大阻碍。推动双高企业文化，要警惕企业中以下"老好人"的现象。

缺乏高标准。我们经常发现企业中存在这样的管理者：总感觉自己干得不错，遇到问题总会找客观原因，而不反思自身；当别人提出问题时，会出现不满情绪，甚至抵触。这些问题的核心是缺乏高标准。当管理者标准低时，他根本发现不了问题，更不能卓越交付。更严重的是，一个缺乏高标准的管理者会默许很多错误，无限纵容自己的团队，这样必然会导致团队成员无法快速成长，人才自然难以涌现，长期下去团队战斗力会越来越弱，最终企业群体形成一个"差不多就行，得过且过"的文化。

不能严要求。管理者不仅要对结果高标准，还要对过程严要求。在执行的过程当中，一定要严要求，不能轻易放松或者退让，标准就是标准，一定要努力想办法做到。管理者需要与员工一起确认计划，并监控整个过程，要本着一次将事情做好的原则，按计划逐步向前推进，通过严格的过程管理达成理想的结果。

但是很多管理者仍比较大度，当员工做错事以后，好像没看见一样，不批评指正，这其实是对工作不负责任，对员工不负责任。或者功过相抵，员工只要有业绩，即使他犯了错误，也不追究。又或者认为"没有功劳，但是有苦劳"。这样反而会助长员工不愿意遵守企业制度的风气。

容忍不合适的人。企业往往并不是没有不合适的人，而是不合适的人常常会被"老好人"给隐藏起来。即使能够识别出这类人员，淘汰也相当有难度，总不愿意去淘汰，久而久之团队中优秀的人会离开，组织的能力越来越差，企业始终构建不起一支有力的团队。

双高企业文化中"高严格"的关键是对人始终坚持极高的标准，而企业家是企业的第一人才官，要通过自己高标准、严要求的行动减少企业中的"老好人"，持续提升人才密度。企业家更不能因自己的喜好、面子或私人的感情降低用人的标准和要求，成为谁都喜欢的"老好人"，否则很难实现组织文化的高严格。

企业家要严格，不做"老好人"，需要做到以下四点。

激发团队内部的良性冲突，不用"老好人"做管理者

企业家应激发企业的内部活力，引发团队内部的良性冲突，增加员工不断追求高标准和高价值的动力。比如对那些"老好人"心态的管理者及时指正，严格要求，甚至是换掉。很多企业针对干部会定期地开展竞聘，目的就是打破小富即安、不思进取的安逸状态。同时企业家可以结合"鲇鱼效应"，设定"鲇鱼"式人物，即总是不断质疑、总是不断提出新思维、总是激发思维冲突和碰撞的人物。这类人既可以内部培养，也可以少量地从外部引进，通过他们给企业内部带来良性冲突。另外也可以建立内部竞争机制，促使内部形成良性竞争氛围和适度的冲突机制，通过冲突来激发员工的工作斗志和激情。

保证 20% 以上的时间投入招聘

杰克·韦尔奇在其著作《赢》中写道："如果你舍不得花时间和精力来招贤纳士，那么你将来在管理上碰到的困难会花去你更多的时间。"我们发现，越是优秀的企业家，投入在识人选人上的时间就越多，他们已经将人才选择、人才招募工作视为先人后事战略的第一优

先级事项。这些企业家花费大量的时间在全球挑选优良的"种子"，为企业打造竞争优势。我们建议企业家要像农夫挑选种子一样去选择人才，不断提升自己的选才能力，让自己成为企业的首席面试官，以身作则提高人才引入质量。建议企业家在选人上要做以下七件事。

（1）至少要投入 20% 的精力在人才招聘上。

（2）要亲自参与前 100 名关键人员的面试。

（3）需要把控人才招聘的最终审批权。

（4）要关注并跟踪身边优秀的人才，为企业不断推荐和吸引人才。

（5）自身要成为金牌面试官，具备精准识人选人的能力。

（6）要成为校园招聘的首席宣讲官。

（7）要投入足够的招聘预算，并致力于打造选人能力强大的招聘团队。

关注底层素质并持续提升用人标准

决定一个人长期表现的是他的素质与潜力，素质越高越能够持续创造高绩效，潜力越大才越能应对未来不断变化的环境，持续优秀。人才质量决定一个企业的发展速度，如果人才质量没有得到提升，在充分竞争的环境中企业又该如何保持增长呢？所以企业家要想保持持续增长，必须通过提升人才标准实现人才质量的提升。

坚持极高选人标准的贝佐斯

贝佐斯对招人始终坚持极高标准，即便在亚马逊还处在初创阶段时，他也没有因为公司规模小而降低要求。内部高管称贝佐斯在招人方面，"非常非常挑剔"。

在1998年的第二封致股东的信中，贝佐斯再次谈到人才招募。他认为，如果没有非凡的人，在互联网行业肯定做不出什么像样的成绩。

要想找到非凡的人，在招人时必须问自己三个问题：

（1）你钦佩这个人吗？

（2）这个人的加入，能提升整体效能吗？

（3）这个人在哪方面有过人之处，取得过哪些非凡成就？

前两条的要求就已然非常高了，为什么还要加上第三条？

但凡在某个方面取得过非凡成就的人，肯定对自己有过极高的要求，对极致有过不懈的追求，而且肯定克服过常人难以克服的困难。即便是做程序员，也要做到非凡。成为能力最强的人，绝不是他们的目标。他们的目标是要比能力最强的人还强，而且还要强出至少一个数量级。这才是他们追求的境界，这才是贝佐斯要的人。

亚马逊早期招的每位员工，贝佐斯都会亲自面试。见完之后，他还会拉着所有面试过该候选人的同事开会讨论，仔细询问每位面试官的观察、评价、判断结果及背后的依据是什么。大家讨论时，他还会在白板上用非常详细的图表深入分析每位候选人。只要发现大家心中还有些许疑虑，贝佐斯就会果断拒绝。

贝佐斯不仅始终坚持招人要有极高标准，而且还强调招人标准应当持续提高。他常说，每位新人的加入，都要能提高组织的整体效能。所谓水涨船高，标准高了，新人水平才会高；加入的新人水平高了，组织整体的人才水平才能更高。

建立淘汰机制，确保不合适的人及时离开

除了坚持高标准选人，对于提升人才质量，淘汰不合适的人同样

起到关键作用。要知道选人不可能百分之百精准，而且随着企业发展，肯定有一些人跟不上组织的发展，所以组织中必定存在一些不合适的人。这些人不创造价值，甚至会对组织产生负面影响，如果不尽快清除，将影响优秀的人留任，出现劣币驱逐良币的现象。

事实上很多企业在淘汰人上存在难度，因为多数管理者的职业化程度并不高，再加上碍于情面等因素，容易导致很多不合适的人长期存在于组织中。企业家背负企业发展的使命，面对不合适的人必须坚决淘汰并推动组织淘汰，不能当"老好人"。华为在淘汰人与发展的关系上始终认为："公司要想活下去，只有让那些阻碍公司发展的人下去。"所以华为从1992年开始一直坚持一定的人员淘汰比例，以提高组织的活力以及人才质量。

由此可见，企业家应该在组织中建立起一种淘汰人的机制，并且亲自带头请身边不合适的人离开，避免自己成为"老好人"。

要有先付出的勇气

打造高关怀环境的关键是企业最优先在薪酬、培养以及关爱上投入资源，对合适的人进行高水平薪酬的激励以及高投入的培养，可以说是不惜代价的激励、不计成本的培养投入。只有这样，企业才能营造一个人才愿意加入并奋斗的高关怀环境，他们才会为企业的发展投入足够的时间、精力和热情，创造高绩效。只有实现了高关怀，企业才能更严格，两者之间相辅相成，两者的适配可以产生螺旋式上升的良性循环。

但是，"高关怀"和"高严格"之间的螺旋式上升仍会遇到哪一个先上升的问题。支持"高关怀"的人认为，企业要先付出，只有这样才能激励员工去创造更多的价值；支持"高严格"的人认为，只有实现高增长，企业才能有实力实现高关怀，否则高关怀难以为继。有远见的企业会先于员工付出价值，有远见的员工会先于企业付出价值。现实是企业和员工往往会陷入希望对方先采取行动、表达诚意的尴尬局面。

我们建议企业家们要有敢于先付出的决心，给合适的员工高激励并投入资源培养他们，激发员工创造价值的意愿和能力。具有先付出决心的关键是企业家要具备足够的勇气。

企业应该从更长的周期、更长远的视角去看待付出与收益。从短期来看，企业的"先付出"貌似是吃亏了，但是这种利他的行为会给企业带来更大的收益。在复杂的竞争环境下，很多时候企业必须要先利他才能达己，中欧国际工商学院原教授陈威如曾在课堂上分享："企业家越能够放空自己，先利他再想到自己，在未来越能够做成大事。如果先想着利己再利他，常常成不了什么事。"

从图 5-1 "先付出勇气矩阵"可以看出，当员工和企业都能积极地付出时，双方一定是共赢的。当企业和员工都不愿意先付出时，那么双方就会进入互相消耗的尴尬局面，最后造成企业没有高产出、员工没有获得高激励的双输结果。当企业先于员工付出时，企业就拥有更多的主动权：一方面，企业可以对现有员工提出更高的标准和要求；另一方面，企业可以主动对不合适的员工进行更换。当员工先于企业付出时，这时候的主动权往往在员工特别是优秀员工手上，他们可能留下，但从长期来看，更大的可能是对企业失望，等不到企业的付出就先离开了，这时候企业就会面临优秀人才不断流失、无人可用的被动局面。因此，企业先付出价值，就更有主动权。

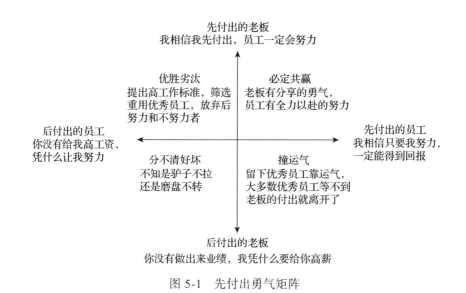

图 5-1 先付出勇气矩阵

带领企业打胜仗

德鲁克说过:"变化并不可怕,可怕的是面对变化,我们仍然沿用旧的思维逻辑。"在企业的发展历程中,企业家所面对的内外部环境纷繁复杂——充满着危机、诱惑、困难,企业家也必然会经历波峰、低谷以及难以预料的波动,企业长久地生存靠的不是大势驱动,而是企业家对卓越的选择——优先打造适合组织发展的正确文化,而文化并非归属感,必将与绩效结果息息相关。

双高企业文化就是为了打胜仗。企业家需要对企业文化转变思维,要让文化成为带领企业打胜仗的武器。双高企业文化将企业长远发展作为文化的首要任务:"高严格"中包含对人的宁缺毋滥、对客户的卓越交付以及对高目标的全力以赴,若对这三个关键点严格要求,势必能够确保企业打赢短期战役;若要持续打胜仗,更重要的是要打造一种能够吸引、凝聚、激励人才的环境,只有让持续奋斗创造出可能存在的最佳结果，才能从源头上保障企业打胜仗的战斗力。这种环境就需要企业不断在组织内部保持高关怀，持续打造。

打胜仗是最大的关怀。通过打胜仗完成目标，能让团队获得足够的成就感与价值感，激发团队的士气。只有不断打胜仗，团队才能获得源源不断的荣誉、晋升、奖励等。更重要的是，打胜仗的过程也是凝聚团队、培养团队能力的过程。

企业家应该坚持投入精力持续打造双高企业文化，把双高企业文化打造成打胜仗的武器，进而带领团队打胜仗，通过打胜仗又不断地强化双高企业文化，从而形成良性循环。

■ 关键发现

- 企业家作为企业生产经营的决策者，是企业文化的倡导者和培育者，更是企业文化建设的人格化代表。
- 无论企业想要打造什么样的文化，企业家都必须自觉自愿地身体力行，否则只会徒劳无功。
- 企业中的"老好人"影响了人员的合理配置，限制了员工执行力与能力的提升，更是企业落地双高文化中"高严格"的最大阻碍。
- 企业家们要有敢于先付出的决心，而具有先付出决心的关键是企业家要具备足够的勇气。

Dual "Highly"
Corporate Culture

第 6 章

百年践行双高文化的宝洁公司

> 如果你把我们的资金、厂房及品牌留下,把我们的人才带走,我们的公司会迅速垮掉;相反,如果你拿走我们的资金、厂房及品牌,留下我们的人才,十年内我们将重建一切。
>
> ——宝洁前董事长理查德·杜普利

宝洁作为一家始于1837年的"百年老店",现在是全球领先的快消巨头。宝洁的文化中,既有追求卓越、积极求胜、为消费者创造价值的严格文化,也有尊重、激励和培养员工的关怀文化。

宝洁的高严格体现在对管培生的千里挑一、工作中严格要求以消费者为中心以及对价值观的严格执行等。

千里挑一的校招

宝洁坚持打造以校招和内部晋升为主的稳健人才供应链,用品牌营销的思维树立雇主品牌形象,扩大喇叭口,吸引大量优秀候选人应聘，并通过招聘流程、招聘体系和面试官进行把关，严格筛选契合宝洁价值观的人才。对于每年选拔出的优秀新生代进行文化的熏陶，助力他们成为真正的宝洁人。

宝洁的中高层管理人员 80% 以上是宝洁的校招生，他们从刚开始工作，就接受宝洁文化的熏陶，宝洁文化是宝洁员工成长的土壤，形成宝洁人特有的场域。除此之外，宝洁认为坚持校招，还有如下价值：

第一，由于扎根宝洁文化，很多在宝洁工作多年的资深员工依然深爱宝洁，作为宝洁人深感自豪，并愿意持续为宝洁创造价值，为企业战略目标的实现贡献力量。

第二，宝洁的严格选人并从内部培养和晋升管理者的做法有效避免了当前很多企业面临的社招困境，即从外部选拔的中高层管理者虽然知识技能高超，但他们大多无法融入企业文化，企业不得不"忍痛割爱"，辞退这批人。

像做品牌一样打造雇主品牌

宝洁大中华区公关与传播副总裁许有杰曾在采访中表示："宝洁这么多年一直在做品牌建设和营销，打造了许多家喻户晓的品牌。这两年，我们开始把品牌建设的理论和框架运用在雇主品牌的打造上。"许有杰认为："品牌营销的目标是要让消费者因喜欢和认同你的品牌而选择并购买。打造雇主品牌的目标是要让学生们因喜欢和认同一个雇主而想加入这个团队。"

正是基于这样的理念，宝洁借力企业知名度，从线上、线下两个渠道大力宣传宝洁的雇主品牌。

在线上，2021 年秋招仅一轮大型空中宣讲会（简称"空宣"）的触达人数就高达数十万。

针对当代年轻人，宝洁明确了校招"酷炫潮玩"的风格，投入人力、物力资源在社交媒体等线上平台发力，搭建包含微信、知乎、b站、小红书、抖音等的宣传矩阵，年轻的候选人在任何主流社交平台搜索"宝洁"都能找到招聘信息。

在空宣环节，宝洁招聘组会邀请各个部门最优秀的入职1~2年的新人作为空宣的嘉宾，这些新人最能代表宝洁蓬勃向上的精气神和文化价值观。由这些学长、学姐"现身说法"进行宝洁雇主品牌宣传，对于候选人来说最具有吸引力。宝洁每年会举办公司整体的招聘宣讲，招聘宣讲内容需要由部门总监、总经理、招聘组HR、公关部进行层层把关和打磨，精细审核演讲稿中每一个词的恰当性，确保将宝洁的文化、对人才的尊重、人才进入宝洁后可以发挥的价值准确传达给候选人。

宝洁的官网上对于"我们是谁"的介绍内容是"让每一天都与众不同"，而后是招聘系统的链接，并写着欢迎那些认同宝洁价值观的有远见卓识的优秀人才加入宝洁团队。

在线下，宝洁近年来也加快了"走进校园"的步伐。

宝洁每年开展的总裁练习生挑战赛也吸引了大量优秀在校生的参与，学生组队进行商业演习，不少候选人就是在总裁练习生挑战赛中崭露头角，提前进入宝洁的校招人才库的。

宝洁还在校园中寻找校园大使，对接校招期间的宣传工作，每年精准链接到大量在校生。

此外，宝洁的实习生选拔流程十分严格，同时，从公司到部门，再到带教人都会投入大量时间与精力对实习生进行培养，给予其独立承担项目的机会。实习生也是宝洁校招人才的重要来源。

宝洁的雇主品牌宣传并非一味追求数量，相反，宝洁十分注重精神内核，通过输出契合宝洁价值观的招聘宣传内容来吸引适配的人才。可以说，宝洁从宣传关开始就吹响了塑造企业文化的号角。

深度面试把关底层素质

宝洁的校招可谓是放宽冰山上，例如不限制专业，毕业两年内的候选人均可以投递校招岗位等，因此每年校招会有巨大的人才库，确保在这一环节不错失任何潜在的候选人。

宝洁的招聘流程十分简洁，仅有完善线上简历、进行网测、一面、二面四个环节，而越是简单的流程，对于各个环节的筛选能力要求就越高。宝洁的每一个招聘环节都会基于宝洁 PEAK 素质模型，对候选人的锐意领导、持续创新等冰山下素质进行深度挖掘。宝洁 PEAK 素质模型如图 6-1 所示。

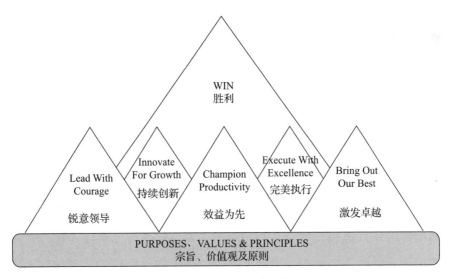

图 6-1　宝洁 PEAK 素质模型

在网测环节，宝洁采用游戏化测评的形式，通过有趣的数字游戏、管道游戏等考察候选人的计算能力、逻辑思维能力、记忆力、反应力。候选人还需要进行性格测试，候选人需要选择自己在面临设定的工作场景下的问题时，会如何进行抉择，系统根据两种测试生成分数结果，供面试官参考。

面试环节，身经百战的面试官们通过"宝洁八大问"，使用行为面试法，对候选人的素质能力进行深入挖掘，往往在接近 1 小时的面试时间里，面试官会深入挖掘 1~2 个候选人的过往案例，仔细询问细节，推敲逻辑，考察候选人在此过程中实际发挥的作用，以此窥探候选人的冰山下素质。

尽管"宝洁八大问"作为经典的面试问题，被很多人解读过，但是其问题形式下，是宝洁对自身员工画像的清晰认知，对自身文化价值观的坚守，也正是这份坚守，让宝洁每年千里挑一，选拔出了未来真正能够适配宝洁文化的候选人。

严格把控面试官的选人能力

宝洁十分注重面试官的识人能力。一般情况下，宝洁的面试官为总监及以上职级的员工，具有较强的识人能力和成熟的经验，他们需要经历一整天的面试培训、两场面试的主导和两场面试的伴随，并且提交面试反馈报告后才能被认证为面试官。

这一过程中，专职负责培训的 HR 负责提供相应的培训课程和学习资源，部门 HRBP 负责物色部门内的潜在面试官人选和跟进储备面试官的认证进程，专职负责招聘的 HR 也会进行合格面试官的审核和记录。三者紧密协作，通过严格的流程保证宝洁稳定"产出"高质量的面试官。

此外，宝洁还会通过分析招聘数据来核验面试官的选人能力，例如考察面试官的二面通过率，如果一面面试官通过的候选人通过二面的比例太低，则会考虑对面试官进行重新培训。

需要重新认证的高管

约翰曾经在宝洁 A 部门供职十余年，在职期间，已经被认证为面试官。后来离开宝洁，担任其他公司的高级总监五年时间，这五年间，他也同样担任面试官，为当时的公司选拔了多名高级人才。

后来，约翰受到前同事的"召唤"，选择重新回到宝洁 A 部门担任高管。当时 A 部门的业务正快速发展，团队规模迅速扩张，面临人才不足的问题，约翰想要尽快参与面试，为部门选拔合适的人才，而就在这时，他被告知，自己需要重新进行面试官认证。宝洁认为，人才市场在不断变化，面试官的能力也必须更新迭代，其他公司的面试方式也不能适配宝洁对人才的需求。因此，约翰重新参与了面试培训，在完成了伴随两场面试，主导两场面试的流程后，才重新获得面试资格。他自己也感慨道，宝洁是真的把好了选人关，把人当作宝洁最重要的财富。

对面试官素质能力的坚守其实体现了宝洁对人才质量的坚守，千里挑一才能选拔出最适合宝洁的人才。

上下一心的百亿梦

宝洁员工都把 NOS（net outof sales，净销售额）、涨 share（份额）等牢记于心，力争赢得更大的市场，实现生意的增长，宝洁大中华区就一直在向一百亿美元的销售业绩努力。

用打胜仗激励持续增长

近年来，疫情等因素给宝洁的发展带来挑战，但宝洁人增长的意识却依然十分坚定，这样的意识并非通过口号，而是通过一场场胜仗鼓舞每一位员工，激发员工自豪感来的。

一起打仗的"双11"

"双11"是宝洁最关键的日子，2020年的"双11"口号是"一起战，一定赢"，2021年的"双11"口号是"全军出击，创造胜利"，每年的"双11"对宝洁而言不仅是一个提升销量的重要节点，更是一场需要全体员工上下一心、协同合作、共同奋斗的轰轰烈烈的"战争"。

戴维是宝洁2021年的校招新人，在入职后不久就遇到了全公司上下最为重视的"双11"。他发现部门的总监们8月就已经开始部署当年的"双11"业务策略规划，HR部门也开始筹备当年的团队激励活动。10月开始，自己的办公座位上方就飘扬着写着自己部门的战斗口号的红色旗帜，自己团队的工作节奏明显加快，开启了周度甚至每日的经营分析会。

戴维了解到宝洁还有"双11"守夜的传统，午夜12:00为销量最高峰，团队的同事们为保障消费者下单后，后台系统能够快速处理大量订单，及时进行后续供应链的响应，会选择在公司一起守夜。作为新人，他选择和团队的前辈们一起守夜。当天晚上，作为支持部门，他和团队的同事们在办公室架起大屏幕，实时监控销售平台的销量数据，当发现异常数值时，立刻进行修复，与此同时，包括大中华区总裁在内的全国各地办公室守夜的员工们都在线上互相沟通，加油打气。

团队的同事们忍耐着多日来连续作战的疲惫和困意，直到凌晨3

点，在确认一切顺利后才离开。这个过程中，同事间彼此支持鼓励，密切合作。在"双11"热潮结束后，全公司召开了盛大的"双11"战绩复盘会，大中华区总裁在会议上回顾了近年的业绩，并激励所有人继续努力，迎接下一场"战争"。

将"双11"这样的重要业务节点打造成一场攻坚克难的"战争"，鼓励全体员工团结协作、共同努力，能够激励人心，提升员工的自豪感，也是让卓越追求深入人心的最佳机会。

个人影响力计划让战略一脉相承

每一位宝洁员工的个人影响力计划都和部门或者公司的战略目标挂钩，每位员工都需要定期复盘自己的工作策略是否能够助力公司百亿梦的实现，是否能为消费者创造价值。从公司到个人的自上而下的分解工作流程如下。

首先，宝洁会通过战略年会宣贯部门目标。宝洁每年的年会被称作 OGSM（objectives-goals-strategies-measures，目的—目标—策略—指标）会议，会议旨在回顾过去，展望未来，对于战略方针和行动指南达成共识。OGSM 是一个公司自上而下拆解战略计划、员工自下而上承接战略目标的工具（OGSM 目标分解示意图如图 6-2 所示）。在 OGSM 会议上，管理层会为员工讲解新一年的公司与部门战略目标与规划，保证每位员工清楚公司发展的方向。

其次，宝洁要求员工制订个人影响力计划。公司或部门的战略目标会体现在每位员工的个人影响力计划上，员工的个人影响力计划是每财年初的一页纸工作计划，员工在目标列写下新一年承接战略目标的五个重点工作项，并制定相应的目标与策略，在与直属上级沟通修改完毕后，上传至公司系统。未来员工将这一页纸作为自己的工作指南，员工在工作推进过程中不断补充行动计划，并根据衡量指标判断自己的行动是否支撑了战略目标的实现。

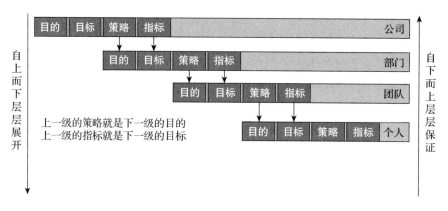

图 6-2　OGSM 目标分解示意图

最后，宝洁要求员工定期回顾个人影响力计划。员工影响力计划是员工绩效的重要评定标准。影响力计划并非 KPI 考核指标，根据它，更多考察的是员工的工作思路与策略的清晰度、落地执行力度，以及是否有战略思维和充分的领导力。影响力计划需要进行季度复盘，员工每季度与直属上级进行沟通，直属上级结合员工本季度的工作情况进行评价和指导，根据外部环境的变化及时调整策略，并针对员工个人的优势进行及时的鼓励与肯定。

员工制订、实施、复盘自己的影响力计划的过程，也是不断提升自我，追求卓越，为实现个人和企业战略目标努力的过程，个人影响力计划可以协助员工加深战略理解、策略路径思考和达成目标。

消费者洞察打造卓越产品

宝洁的宗旨中提到"为现在和未来的世世代代，提供优质超值的品牌产品和服务，在全世界更多的地方，更全面地，亲近和美化更多消费者的生活。"美化消费者的生活是宝洁和宝洁员工共同的追求。

宝洁员工对消费者的洞察和关爱体现在选人、员工日常工作流程、重要业务决策等方方面面。

首先，宝洁的面试官在选人时，会关注候选人是否"眼里有光"，对于未知、对于消费者是否有热情与求知欲。

其次，在日常工作流程中，各业务部门的员工，无论是前台还是中台，无论是产品创新还是销售环节，都会进行消费者访谈、调研、消费数据分析等。从一个产品的构想到实施，再到产品成功推出与消费者见面，都是在切实了解消费者需求的基础上进行的。

最后，面对实际业务决策时，员工会考虑产品对消费者的实际价值。即使某一酝酿中的产品，前期在调研、走访等方面已有大量人力、物力、财力的投入，一旦发现该产品并不能切实解决消费者问题或者提升生活品质，也会表现出"壮士断腕"的气魄，果断舍弃这一产品。

无处不在的消费者洞察

宝洁30多年前进入中国市场时成立的第一个部门就是"消费者市场研究部"，消费者市场研究部的001号员工通过海飞丝洗发水叩开中国消费者的心扉，30多年来，宝洁依然坚持消费者洞察。

从招聘过程开始，面试官就选拔对于消费者有好奇心并且眼里有光的候选人，在宝洁某部门内部调研中，当问及在宝洁感到最自豪的一点是什么时，大部分员工将消费者洞察作为关键词，这也是为什么宝洁常常能推出打动人心的产品。举例来说，宝洁的三分钟发膜就很好地解决了一些消费者缺少足够时间养护头发的痛点。

在春节期间，宝洁内部会发起消费者洞察大赛，员工们趁着春节回家，观察身边亲朋好友的消费习惯、生活中的痛点，并思考如何通过宝洁的产品让大众生活变得更美好。员工也会定期走访消费者，扎扎实实地和消费者一同生活，也会进行深入的消费者访谈。对于员工来说，自己参与研发、营销、生产或者供应的产品能走进千家万户，改善消费者生活是一件值得自豪的事情，对于公司来说，自己公司为社会创造价值的明星产品就是激励员工最好的文化宣传媒介。

宝洁也通过宝洁产品媒介将自豪感融进了各个角落。例如在办公室的墙面张贴产品海报，为员工发放公司产品礼包等，甚至新年红包上也印着宝洁的产品图案，将宝洁的产品形象传播给员工的亲朋好友。

价值观是一切行为的准则

宝洁的宗旨、价值观和原则被称为PVP，员工不需要记忆背诵PVP的内容本身，但PVP的内涵已经被每位员工牢记心中。

宝洁的宗旨是：为现在和未来的世世代代，提供优质超值的品牌产品和服务，在全世界更多的地方，更全面地，亲近和美化更多消费者的生活。作为回报，我们将会获得领先的市场销售地位、不断增长的利润和价值，从而令我们的员工、股东以及我们生活和工作所处的社会共同繁荣。

宝洁的价值观是：诚实正直、领导才能、主人翁精神、积极求胜和信任。

宝洁的原则是：尊重每一位员工、公司与个人的利益休戚相关、有策略地着眼于工作、创新是成功的基石、珍视个人的专长、力求做到最好、重视公司外部环境的变化和发展、互相依靠互相支持的生活方式。

当你不知道怎么做时,"based on PVP"

米兰达是一位刚加入宝洁的员工,在新人入职必学的课程中,就有关于平等尊重、信息保密、拒绝职场性骚扰等详细的规章制度视频。

米兰达发现,日常工作中,身边的同事在面对两难抉择或缺少明确的制度指引,不知道怎么做时,他们常说的一句话是"based on PVP"(意为"基于PVP"),然后从公司的宗旨、价值观和原则出发,思考自己最适当的行为。

当涉及PVP相关问题时,同事们更是小心谨慎甚至"战战兢兢",因为一旦出现红线行为,面临的将是毫无挽回余地的严厉处罚。

举例来说,米兰达发现宝洁的报销流程十分简单,仅需要在concur系统提交相关信息,经过直属上级审批即可收到报销款,但是就是这样的精简流程,米兰达的直属上级在报销时,会将每笔费用的用途、日期、原因进行详细的备注说明,涉及多人会议费用,也会不厌其烦地标注每一位参会人的姓名,直属上级这样的身体力行也使得米兰达在PVP相关的问题上严格践行。

宝洁这样规模庞大的跨国企业,单纯依靠严格的制度制定与执行约束员工行为,不仅需要耗费大量人力、物力,实际效果也并不会好,而像宝洁这样把PVP植入每位员工心中的做法节约了大量制度成本,也从根本上大大减少了员工的违规行为。

宝洁为了让PVP深入人心,树立了明确的价值观并且让价值观得到了真正的贯彻，融入组织体系的每一个环节、每一个角落，体现到组织运营的每一个细节、每一个成员。除此之外，宝洁还会仔细筛选有潜力的新进人员，雇用年轻人做基层工作，严格塑造他们遵行宝洁的思想和行为方式，清除不适合的人。而且管理干部的提拔大部分由在公司内部成长的宝洁人，由这些管理者率先垂范影响团队文化。

持续保持薪酬的领先

宝洁的PVP中，"主人翁精神"这一价值观和"公司与个人的利益休戚相关"这一原则是相呼应的。宝洁的员工需要以主人翁精神对待公司财产，追求公司长远利益，与此同时，公司与员工追求共同的成功，这体现在定薪、调薪、薪酬结构等方面。

宝洁的薪酬水平极具外部竞争力，宝洁会与外部咨询公司合作，确保自身的薪酬水平高于市场的平均水平。例如，2021年，宝洁重新进行了市场薪酬水平调研，样本包括世界最出色的公司，并对标这些公司的中上水平，调整了新人的薪酬水平，宝洁2022年校招起薪涨幅为20%，让员工从毕业开始就赢在起跑线。更高的校招起薪帮助宝洁在现代激烈的企业"抢人大战"中，收获大量优秀人才。

宝洁员工的调薪一般在晋升时或每年固定的调薪期。宝洁员工的晋升没有固定的时间，当员工达到上一职级的要求时，便可经部门的人才盘点会议通过，获得晋升机会。这时，直属上级就会和员工进行薪酬面谈，在使员工明晰自身薪酬涨幅的同时，最大化对员工的激励效果。此外，每年年初，直属上级会与员工进行绩效面谈，结合员工上一财年的个人影响力计划完成情况给予涨薪。宝洁强调员工薪酬水平的"可持续发展"，往往不会采用激进的涨薪方式，而是通过稳步提升的方式保障员工在成长阶段能够持续获得薪酬激励。

宝洁采用"高固定"的薪酬结构，职级越高，浮动占比越高。每年固定的 14 薪在给予员工安全感的同时，通过先付出的形式激励员工积极求胜，充分发挥自己的价值。

陡峭的成长曲线

宝洁有业内"黄埔军校"之称，宝洁员工充满了成长感。这一称号源自宝洁对人才培养近乎"不计成本"的投入。从公司整体到各团队，从品类到区域再到职能部门，从全球到各地区，从新人到各个职级，宝洁有着全覆盖甚至交叉覆盖但同时又十分精细的学习培训资源。同时坚持为员工提供不断打破舒适圈、挑战自我的挑战性工作。在平等、尊重的氛围下，员工能够打破职级的桎梏，直接获得高层管理者的面对面指导。在清晰的素质模型与职业发展路径的指引下，员工快速成长，向自己和公司的愿景迈进。

清晰的职业发展道路牵引成长

宝洁告诉员工，大家都是各自职责范围内的领导者，要对结果负责，这一条也被写进了宝洁的价值观。从选人开始，宝洁就会选拔具有领导才能的人，因此，新人入职时即为经理级别，遵循"经理—高级经理—总监—总经理—总裁"的清晰职业发展通道，一路"升级打怪"，实现"前程似锦"。

职业发展日

宝洁的部门年度会议常常会用一天的时间举办职业发展日。

在职业发展日，部门的高管层会分享自己在宝洁的职业生涯，他们在不同岗位上解决挑战性问题、出色完成任务的经历对员工很有激励性。除了高管讲述外，也会安排各个职级的员工分组与高管进行面对面沟通，可以更有针对性地解决相同职业发展阶段中的员工的共同困惑。

同时 HR 也会为员工讲解部门的能力模型，让员工更清晰自己如何发挥优势，提升不足。还会贴心地提供与直属上级的沟通话术，例如如果想换到海外的岗位，该怎么和上级沟通。

宝洁的职业发展路径并不是单一和狭窄的，相反，宝洁为不同类型的员工提供了充足的发展空间，例如某部门的员工素质项包括商业洞察、专业技术知识和影响推动力，并非三个素质项同时卓越才能晋升，即使仅某项素质十分突出的人才也能在部门内找到合适的岗位，发挥自己的价值。这是宝洁充分尊重员工，并珍视个人专长的重要体现。

培训与带教赋能成长

宝洁的培训组 HR 会定期征集各部门员工的培训需求，积极培育内部讲师，并且积极争取与优质第三方供应商合作，全方位为员工打造最优质的学习资源。举例来说，宝洁有全球统一的学习资源网站，例如 Brand University、My Learning 等，大中华区也面向中国员工开设了 UMU 学习资源网站，供宝洁内部员工进行学习，各个部门的员工可以在 UMU 平台上传、查阅各类材料，里面既有业务部门的专业知识，例如"宝洁的营销思维"等经典课程，也有"领导力""高效写作"等通用精品课程，还有管理邮件等工作效率指导类课程。

此外，宝洁也会与第三方学习网站合作，为宝洁员工开辟学习通道。宝洁新人入职时,直属上级会为其制订上岸计划(Onboarding Plan),这份计划里就有宝洁各类学习资源网站的链接。

除了固定的学习网站外,宝洁大学会不定期开放高品质的培训课程,员工需要迅速报名才能"抢占"稀有的课程名额。此外,宝洁大学会针对新人、各个职级开通相应的培训课程,甚至针对一个职级还会根据资深程度进行分开培训,以确保课程切实满足员工的需求。

宝洁的讲师系统十分"纯正",宝洁的培训课程几乎全部由内部讲师进行授课。成为内部讲师,是宝洁总监及以上职级员工重要的奋斗目标,为组织赋能也是宝洁管理者的个人影响力计划中必有的内容,内部员工甚至笑称这是"晋升的快速通道"。大家会为了成为讲师认真打磨自己的课件,抓住可能的机会为内部团队试讲。优秀的讲师也是宝洁优质培训资源的重要保障。

宝洁的培训资源丰富,但也绝非流于形式。参训人所在的财务单元需要为培训付费,并且在培训开始前一个月,培训组的 HR 会向参训人及其直属上级发送提醒邮件,直属上级需要知情并在培训当天不安排任何工作,确保参训人真的能够全情投入,"脱产培训",提高培训质量。

除了丰富的学习资源和培训课程,宝洁也有着平等、尊重、包容、开放的沟通文化,宝洁员工有直属上级、精神导师、成长伙伴等带教人。

在宝洁,大多数情况下,只有成为总监级别才能够有下属,因此,是否能够带人是员工能否晋升为总监级别最重要的考察项,只有那些有培养他人的意愿和能力的人才可以成为直属上级,每一位总监及以上职级的员工的个人影响力计划中,必定有一项内容是培养下属，这在宝洁，既是一种令人兴奋的荣誉，也是一份沉甸甸的责任。

每位新人入职的第一天，直属上级会与其面谈，通过一份上岸计划为新人介绍组织概况，会与新人建立信任和联结，关心新人的工作、生活和职业发展，为其答疑解惑。往后的工作中，直属上级会视下属情况定期与其进行面谈。

除了直属上级，宝洁的带教培养中还有一个重要的角色是精神导师。和一般企业有指定的导师不同的是，宝洁的精神导师是非固定的，尊重、开放、平等的文化让员工可以获得一切想要的指导，无论职级多高，都可以向其发起会议邀请，而所有的管理者在收到邀约后，都会将此作为优先事项，积极对员工进行传道授业解惑。

宝洁有午餐会文化，员工可以邀请自己想要请教的同事共进午餐，在用餐期间进行交流。甚至，宝洁新人的成长伙伴还拥有一笔启动资金，用于邀请新人员工共进午餐，在用餐期间，向新人介绍宝洁的文化、工作内容等，帮助新人快速了解公司。

轮岗制不断打破舒适圈

"当你已经熟练手头的工作，那么是时候换个岗位了"，这是宝洁内部流传的一句话。宝洁人坚持不断挑战自我，走出舒适圈，接受新的工作内容，保持陡峭的成长曲线。

宝洁也为员工提供了丰富的换岗机会，员工在同一岗位工作一年后，直属上级就会主动询问员工的职业发展规划和下一个意愿岗位，并留意全球范围内适配的岗位空缺。

在宝洁工作10年以上的资深员工，平均有4个不同岗位的工作经验。在不同岗位上快速上手，掌握不同的专业技能并提高专业素质，是宝洁人保持新鲜感、工作活力、奋斗动力的重要方法，也满足了自我实现的需求。跨岗位工作同时也开拓了员工的视野，为其胜任更高职级的岗位奠定了基础。

宝洁人的自我认同感

平等、尊重提升安全感

在宝洁，人是最珍贵的财产，宝洁给予员工充分的尊重和信任。这体现在工作与生活的平衡、文化培训和离职人员管理三方面。

宝洁对员工的信任体现在工作与生活的平衡上，宝洁相信自己的员工有着主人翁精神和积极求胜的意愿，能够在保证工作卓越交付的情况下充分享受生活。大多数员工会在2～3年进行换岗，公司会考虑员工的个人需求，最大程度为员工提供符合意愿的岗位或工作地点。宝洁日常工作不需要打卡，弹性工作制让员工可以自由灵活地调节自己的家庭、爱好等，长达15天的年假和3天弹性假也为员工走出去看世界提供了充足的条件。

作为一家跨国公司，宝洁也很注重多元文化的融合，宝洁新人入职必学的 My Learning 课程中，有关于不同文化、不同群体的介绍视频，包括不同国家、种族、性别等人群。尊重每一个人，互相依靠和支持是宝洁的价值观之一，正是这样的文化，使得在宝洁的每个人都充满安全感，让宝洁这样的大型公司兼收并蓄，吸纳人才，不同文化碰撞出创意和生机。宝洁的文化如此深入人心，即使是离职也无法改变宝洁人的自我身份认同感。宝洁的"毕业校友"组成了一张强大的关系网，不少员工在离职后依然会选择回到宝洁工作，而宝洁对于那些从宝洁"起飞"的员工也充满"依恋"，即为他们敞开大门，也为他们能够在各行各业施展身手、为社会创造价值而感到自豪。

不管你飞向哪里，先从宝洁起飞

2021年8月18日，宝洁发布了名为《老简历》的招聘大片，宣传片中宝洁给曾在宝洁任职，现在在各行各业发光发热的校友们，寄送了他们当年入职宝洁时提交的简历，很多人在看到当年自己进入社会提交的第一份简历时热泪盈眶。

片中"他们当时的模样就是你现在的模样""宝洁不会辜负你的第一份简历""不管你飞向哪里，先从宝洁起飞"等话语十分打动人心，体现了宝洁对人才的珍视与尊重，这份尊重吸引了无数优秀人才与之共同成长。无论是否在宝洁任职，每个宝洁人对自己的身份认同都不会消失。

真心时刻提升幸福感

宝洁非常注重打造员工的真心时刻（Moment of Truth），在员工工作和生活中的重要里程碑时刻，宝洁都会送上最诚挚的祝福或问候。宝洁的真心时刻一般是通过部门会议、邮件等打造。

各部门会每月开展月会，HR在月会上进行人事变动情况的宣贯，包括员工晋升、新人入职、员工离职和换岗、员工周年纪念等，部门月会是打造员工珍贵回忆的最佳时机。HR会通过为晋升员工送上鲜花、为新人员工送上印有部门标识的入职文具、为离职员工送上"毕业证书"等方式放大重要时刻的员工感受。

真心时刻不局限于工作内容，在员工结婚或生育时，HRBP也会发送祝福邮件，并贴心附上宝洁对新婚或新爸爸/妈妈的福利政策，提升员工体验和满意度。

其中最值得一提的是员工周年纪念，在员工入职5周年、10周年、15周年等的时候，员工本人和直属上级都会收到邮件提醒，员工本人可以申请一份周年纪念礼包，而直属上级也会在收到邮件后，为员工策划一场神秘的感谢仪式，为员工献上鲜花，感谢他们为公司做出的贡献。

向上向善提升自豪感

对于宝洁员工而言，单纯的物质激励并不能激发员工对企业的认同感，宝洁人对于为社会贡献力量与自我实现有着强烈的需求。

宝洁作为一家颇具社会责任感的企业，践行"始于爱，向前行"，相信即使是微小的善意，也能让世界变得更加美好，关注环境可持续发展，建立宝洁希望小学，注重性别平等，尊重少数群体等。这样的社会责任感并非空中楼阁，宝洁将其很好地融合进了员工的工作和生活。

在工作方面，宝洁旗下品牌飘柔发起了"让美触手可及"营销活动，推出"可以听"的产品包装、无障碍的电商购物界面、第一支无障碍版本的广告片，让更多的人关注视障群体，推动无障碍环境的建设。类似飘柔这样将产品与善意结合的营销活动还有很多，对员工而言，这是为社会创造价值的过程，也是强化身为宝洁人的自豪感的过程。

在生活方面，宝洁通过工会，在内部发起了志愿者支持乡村教育的活动，很多员工积极报名，成为宝洁向善力量的一分子，以宝洁人的身份身体力行去传播爱的活动增强了员工对宝洁作为一家有责任感的企业的认同感和自豪感。

别出心裁的员工价值主张日

宝洁的人力资源体系也充分借鉴了宝洁的营销思维，HR 为了强化员工的幸福感、安全感和自豪感，激励员工快速成长和发挥个人影响力，会每年开展员工价值主张日，宣传宝洁的文化价值观和面向内部员工的人力资源"产品"。

员工价值主张日

宝洁的员工价值主张日是通过别开生面的"游园会"形式展开的。会场上按照人才培养、企业文化、薪酬福利、身心健康等多个主题分别搭建摊位，每个摊位由相应的HR负责讲解，员工在各个摊位进行互动游戏、学习打卡。

举例来说，部门HRBP会携手公关部门，为员工介绍宝洁希望小学等公益活动，增强员工自豪感；培训组HR会为员工介绍公司的培训资源，提升成长感；共享服务中心的HR会为员工详细介绍如何申请宝洁的一系列福利，提升员工幸福感等，员工在半天时间内以"游园会"的形式听HR介绍宝洁为员工提供的"价值主张"产品。

用营销的思维，为员工提供最适合的文化产品，并通过各种渠道让员工了解这些产品，是文化落地成为员工行为的重要保障。

宝洁是坚定的双高企业文化践行者，在高严格方面，从招聘开始就严格把控人员质量，并且要求在职员工为了目标全力以赴，与此同时，也给予员工充分的激励、成长空间、关怀和尊重，实现企业与员工的共同成功。

■ **关键发现**

- 宝洁是双高企业文化的践行者，文化中既有追求卓越、积极求胜、为消费者创造价值的严格文化，也有尊重、激励和培养员工的关怀文化。
- 培养和考察管理者的面试能力是提升组织整体选人精准度的关键。
- 员工制订、实施、复盘自己的影响力计划的过程,也是不断提升自我,追求卓越,为实现个人和企业战略目标努力的过程,个人影响力计划可以协助员工加深战略理解、策略路径思考和达成目标。
- 当面对两难抉择或缺少明确的制度指引不知道怎么做时,优秀企业的员工都是从公司的宗旨、价值观和原则出发,思考自己最适当的行为。

Dual "Highly"
Corporate Culture

第 7 章

走向双高文化的久吾高科

变风俗，立法度，方今所急也！

——《宋史·王安石传》

企业文化在组织内部的打造是个持续性的动作，要承接企业历史的印记，深入贯彻到日常的管理活动中，并最终体现在员工的行为上。所以为了从根本上落实双高企业文化，江苏久吾高科技股份有限公司（以下简称"久吾高科"）历经了多轮的研讨、变革与深化。

久吾高科致力于膜分离技术的研发与应用，是南京本土成长的行业隐形冠军企业。在 20 多年的成长过程中，久吾高科几经磨炼，历经多次整合，从 20 世纪高校产学研一体的先锋团队、主导陶瓷膜的第一次量产，到现如今的上市公司，组织内形成了多元文化。修炼内功到现在，也积累了一些发展的优势：

- 在膜产业内，久吾高科拥有领先的技术、专利，以及专业的解决方案。

- 企业沉淀出一批技术力量强、对企业忠诚的中坚力量人才。
- 陶瓷膜产品市场占有率全国第一。
- 伴随国家对环保、污染防控的要求升级，久吾高科保持膜领域的优势，把握住了机会，拥有不错的发展前景。

只是随着企业在2017年正式上市，久吾高科的董事长党建兵意识到未来的完全市场竞争环境已经对久吾高科提出更高要求。很多成熟的管理干部在保持对自己发展自信的同时，对未来有了一些担忧：国内竞争压力大，企业需要更多的优秀人才，但从内部自生能力建设上，企业还未形成一致性的力量来支撑企业长期的发展，并且未形成全员一致的企业文化。

机缘巧合之下，久吾高科与德锐咨询达成合作关系，德锐咨询项目组正式进场，与久吾高科人力行政部的同事用近两周时间完成组织诊断，主要发现以下问题：

- 企业战略明确，但未充分达成共识。
- 不同阶段进入企业的人员特色鲜明，偶尔因价值观理解存在偏差，导致协同效率降低。
- 内部薪酬体系缺乏体系化运作，调薪机制不明确，福利类目很多但激励效果不明显。
- 薪酬呈现低固定、高浮动，固定薪酬的低竞争力导致关键岗位的优秀人员进不来。
- 企业有明确的淘汰指标，但用人标准未达成共识，淘汰执行难度大，人才结构呈现老龄化状态。
- 员工发展通道不通畅，优秀的年轻人没有发展机会，人才不断流失。

不难看出，以上管理问题的出现必然影响久吾高科双高企业文化的形成，甚至阻碍了企业业务的长远发展。因此在党总提出了建设以"提高人效、打造组织能力"为核心目的的双高企业文化后，德锐咨询通过图 7-1 所示的六个方面帮助久吾高科进行双高企业文化变革。

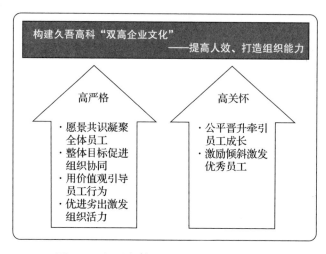

图 7-1　久吾高科企业文化建设工作思路

与此同时，久吾高科与德锐咨询联合项目组也开始共同制订项目执行计划（见表 7-1）。

愿景共识凝聚全体员工

久吾高科在上市之初，明确了为期三年的战略目标，但该目标仅为高管与集团公司达成的结果，并未在久吾高科内部达成共识。所以，在提到各业务板块、各部门如何支撑战略目标发展时，内部没有清晰一致的思路。这就造成了针对战略目标，高层未达成共识、中层不理解、基层没概念，部门、员工自己贡献的价值与公司整体目标不完全咬合，所以难达到高效的协同。

表 7-1 项目执行计划（示例）

项目执行计划（示例）

模块	M1	M2	M3	M4	M5	M6	M7	M8	M9	M10	M11	M12
诊断	组织诊断											
对企业使命、愿景、价值观达成共识与宣贯	久吾高科使命大会（多场）			宣贯与目视化落地			辅导跟进、优化调整					
战略分解与绩效体系建设			对战略目标达成共识	绩效体系变革	绩效过程管控			辅导跟进、优化调整				
价值观评价标准建立			对价值观达成共识标准共创		全员行为标准共创			辅导跟进、优化调整				
人才评价体系建设与优化			全员人才盘点		人员晋升	人员晋升、优化、培养等						次年评价准备
职位通道与薪酬体系建设				职位通道体系建立		薪酬变革				薪酬试运行		
任职资格与晋升体系建设						关键序列任职资格开发与认证				员工竞聘晋升		

基于此，久吾高科在文化梳理时，就展开了关键核心人员的"愿景共识"。久吾高科已经经历了20多年的发展，取得了较高的成就，那未来五年、十年的发展目标是什么？业务发展的重心如何？将为行业做出什么样的贡献？这些定位决定了久吾高科每年的战略实施路径，为了更好地回答这些问题，久吾高科借用了三环理论（见图7-2），认真回答了以下三个问题：

- 你能在什么方面成为世界上最优秀的？
- 是什么驱动你的经济引擎？
- 你对什么充满热情？

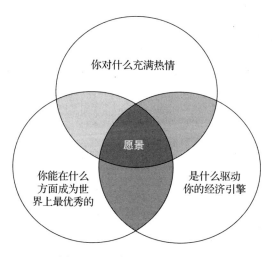

图7-2　澄清愿景的三环理论

所有卓越的企业都把战略建立在对这三个重要方面的深刻理解之上，三环的交叉处可以让久吾高科聚焦自己的愿景和战略定位。战略共识会从上至下，范围从小至大召开不下五场，经过两天一夜的研讨、共创，逐一斟酌，校准每一个字，最终对前两个问题的答案达成共识：

愿景：成为全球膜分离行业的领军者。

使命：发展先进分离技术，促进生产，节约能源，保护环境，为客户创造价值，为人类守护未来。

愿景和使命是企业选择战略方向和路径的出发点，也是每个久吾高科奋斗者的工作动力，帮助他们聚焦方向、明确想法。在后来的每一次战略研讨会上，愿景和使命都会被拿出，成为每次战略选择、战略决策的关键决策依据。

在 2021 年展开的"面向未来"战略研讨会上，大家对于未来中长期战略的两个业务方向的决策问题一直犹豫不定：一是企业是否需要快速寻找第二曲线，二是选择什么业务作为第二曲线发展的关键，这些问题不仅出现在战略研讨会上，也出现在日常经营活动中。在每次犹豫与难以抉择时，愿景和使命都指明了方向（久吾高科的使命、愿景、价值观见图 7-3）。

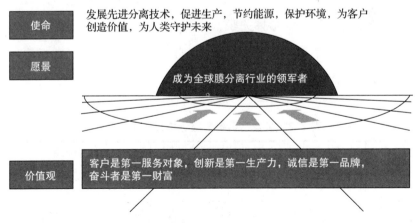

图 7-3　久吾高科的使命、愿景、价值观

为了避免愿景只成为口号和美好愿望，久吾高科在每年的战略研讨会上都会着重对愿景进行解释，也将其作为明确每年久吾高科从区

域、行业、产品方面确定发展方向的关键依据，并进一步用具体的经营举措让全员看到企业每年是如何支撑愿景的，这也让全员最大程度、最广范围地保持了信念的一致。

整体目标促进组织协同

在明确愿景的基础上，为了让部门间更好地协同并保持长期发展，坚持每年30%以上的增长，久吾高科进一步采用战略地图的方式明确了公司层面三年内的关键子目标与任务（这里不展开介绍），并将此作为全员共同的整体目标，重新设置各个部门的绩效责任书及绩效指标方法（见表7-2）。

- 7～8级的高层人员业绩50%与分管部门绩效关联，50%与公司业绩指标关联。
- 5～6级的部门负责人业绩50%与所在部门绩效关联，50%与公司业绩指标关联。
- 1～4级的普通员工，根据目标自上而下分解的原则，绩效与工作计划关联。

表 7-2 久吾高科各层级考核目标（示例）

考核对象	考核主体	考核周期	考核结果应用	考核内容
7～8级	M9	半年度考核	年度应用	分管部门绩效责任书（50%） 公司业绩指标（50%）
5～6级	M7～M8	半年度考核	年度应用	部门绩效责任书（50%） 公司业绩指标（50%）
1～4级	M5～M6	季度考核	年度应用	重点工作计划

总之，当公司整体业绩完成较好时，则全体员工业绩完成趋好，

当公司整体业绩不佳时，则每个人的绩效都会受到影响，确保自上而下力出一孔。

更为直接的是，此次改革优化了事业部自身目标与销售提成的奖金方案，将各事业部的奖金、绩效目标均与公司整体目标挂钩，除去创收的业务部门外，后台职能部门的目标也必须和公司整体目标挂钩，更加贴近业务，为业务赋能。这样的目标分解不仅让各业务部门达到对高目标的认同，也改变了职能部门只做事、与目标脱节的现象。每个部门、每个人都知道在久吾高科未来的战略目标实现过程中，自己需要创造的价值与相应的责任要求，逐步实现"力出一孔"。

用价值观引导员工行为

有了愿景、使命和价值观之后，最关键的是将其体现在员工的行为上，真正做到用价值观规范员工的行为。

久吾高科早就有了明确的价值观：客户是第一服务对象，创新是第一生产力，诚信是第一品牌，奋斗者是第一财富。但是通过对不同层级、不同人员的调研发现，大家对于价值观没有形成统一的认知，不同的人员的对于价值观的理解不同，也就谈不上用价值观来指导员工的行为。因此在核心管理层的参与下，采用"世界咖啡"研讨会的方式，经过六轮研讨，反复推敲，逐字斟酌，面向全员征集后，形成了以下久吾高科对于价值观的解释，确保了对其含义理解的一致性。

1. 客户是第一服务对象

服务客户是久吾存在的唯一理由，是久吾发展的原动力。洞察客户真实层面的需求，快速、高质量地响应客户问题，持续为客户创造价值，实现客户与公司的双赢。

2. 创新是第一生产力

久吾"生"于创新，"长"于创新，新产品、新技术、新发展来源于创新，创新是公司发展的"生命线"。久吾人要保持创新精神，敢于突破固有边界，通过技术创新、工艺创新、制度创新和管理创新，不断开发新产品、新工艺，提升质量、提高效率、降低成本、提高竞争力。

3. 诚信是第一品牌

诚信是久吾最重要的无形资产，也是每一位久吾人心中的永恒法则。对客户和其他合作伙伴有契约精神，言必行，行必果，以诚信获得认可，实现合作共赢；对公司、同事真诚开放，有问题及时指出，共同改进。

4. 奋斗者是第一财富

奋斗者是久吾最宝贵的财富。奋斗者认同久吾价值观，有能力，肯吃苦，有奉献精神，有更高的站位，愿意与公司共同发展，其行为起着模范带头作用。公司愿意为奋斗者搭建更好的发展平台，为奋斗者实现人生价值提供保障。

为了让价值观深入人心，久吾高科更是将价值观在公司人才管理上全方面地进行应用。

（1）选人上：将价值观作为选人的画像标准（见表7-3），从人员入口开始就选择价值观一致的人员，避免人员融入问题。

表 7-3 久吾高科部分岗位人才画像卡冰山下要求（2018 年版本）

序号	面试岗位	人才画像（冰山下）
1	研发类工程师	客户第一、诚信、学习创新、钻研精神、坚韧抗压
2	交付类工程师	客户第一、诚信、持续奋斗、沟通协调
3	销售工程师	客户第一、诚信、持续奋斗、团队精神、亲和力

（2）人才激励上：对价值观进行分级描述（见表 7-4），将此作为年度人才盘点的标准，对价值观优、业绩佳的员工做激励上的倾斜，并将其作为股权激励对象筛选时的核心条件。

表 7-4 久吾高科全员价值观分级描述（过程稿，非定稿）

类型	素质项	素质定义	0~1分（待发展）	2~3分（胜任）	4~5分（优秀）	6~7分（卓越）
全员素质项	客户第一	关注客户不断变化的需求，竭尽全力服务客户，满足客户需求	较少主动关注客户需求变化	耐心倾听客户的咨询、要求和抱怨，对客户提出的问题积极响应	站在客户立场思考问题，提供有针对性的服务，力争客户与公司都满意	具有超前服务意识，挖掘客户潜在需求，为客户提供超预期的服务
	诚信	信守不渝，不受利益和压力影响，严守商业秘密	不敢承诺或轻易承诺	坚持说真话，一旦承诺，尽力做到	面对威逼利诱顶住压力，坚持原则，坚守商业秘密	自我监督并监督他人，维护公司信誉，是公司诚信的楷模
	持续奋斗	保持对事业持续的追求和艰苦奋斗的精神，以达到更高的事业目标	完成基本的工作内容，得过且过，常抱怨	不断自我激励，严格要求自己，不断提升业绩	克服困难和挫折，不言放弃，寻求新突破，持续保持奋斗者的心态	将个人目标与公司目标相结合，以更高的目标共同奋斗
	学习创新	主动获取新知识、新技能、新思想，善于用新方法解决问题	满足于目前掌握的知识技能，习惯做机械重复性工作	主动分析自身与工作要求的差距，尝试新方法与新工具，并应用到工作之中	主动打破传统的工作方法和思路，持续进行方法或技术改进和创新，建设性地解决问题	总结和传递知识经验，主动营造开放分享和学习的氛围，保持工作方法与技术的持续迭代

（3）人才培养上：价值观作为久吾高科任职资格发展体系的关键考察项，在培养关键岗位人才时，其中最重要的一课就是基于价值观的企业文化传递。

为了更好地让价值观指导员工行为，久吾高科明确了全员提倡行为九则和反对行为九则。

提倡行为九则

（1）提倡主动学习，学以致用，持续提升个人能力。

（2）提倡多与客户当面沟通，客户有疑问及时回应，并积极解决。

（3）提倡积极分享有价值的方法和经验。

（4）提倡工作中敢于提出不同意见，积极提出建设性建议，多让上级做选择题，少做问答题。

（5）提倡言出必行，说到做到。

（6）提倡主动承担工作责任，出现问题先从自身找原因。

（7）提倡遵守职业操守，为公司和客户保守商业秘密。

（8）提倡勤俭节约，艰苦奋斗。

（9）提倡工匠精神，不浮躁，围绕目标坚持不懈。

反对行为九则

（1）反对推诿扯皮，敷衍了事，互相拆台。

（2）反对固守陈规，不愿尝试新管理、新产品、新工艺、新技术。

（3）反对在不了解全部事实的情况下随意武断下结论。

（4）反对不考虑履约能力和成本，一味追求签单。

（5）反对拉帮结派，搞小团伙。

（6）反对弄虚作假，借客户名义徇私利，虚报发票。

（7）反对骄傲自满，安于现状，得过且过。

（8）反对发牢骚讲怪话，不通过正规渠道表达意见。

（9）反对私下打听和议论薪酬。

这些明确提倡和反对的行为，更加将价值观可视化，成为员工明确的行为指南。在久吾高科的办公室、食堂、员工手册及员工故事中，都能发现这些价值观的影子，让价值观不再被束之高阁。

优进劣出激发组织活力

久吾高科一直都有内部淘汰机制，但是和大多数公司一样，总会因"没有功劳也有苦劳""没有统一的标准"或者管理者情感因素，导致执行结果大打折扣，人才质量升级也没有得到根本的解决。

为此德锐咨询依据人才盘点九宫格（见图7-4），帮助久吾高科建立了基于"素质—业绩"双维度的人才盘点机制。

通过对人才盘点标准的讨论并达成共识、人才盘点过程中管理人员和核心人员的深度碰撞，在达到盘点结果客观、公平的同时，统一了对"优进劣出"的理念认知。如过程中会要求董事长深度参与全部五天的人才盘点校准会议，深入观察每一位管理者，了解校准表上的每一位员工，会要求管理人员向下看三层，关注下属员工的工作现状，参与对每位员工的优劣势和任用计划的详细讨论……从董事长到基层管理者，用人理念逐步传递，用人标准层层校准，管理者关注到间接下级的成长并提供更多的培养资源，最终保证对每一位员工的发展任用建议达成共识。

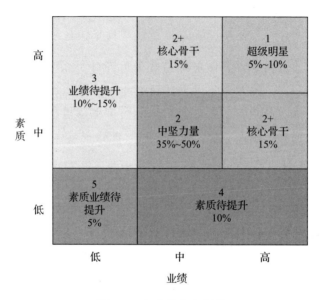

图 7-4　人才盘点九宫格

明确的标准、多方参与的圆桌会议会让人缘好，但工作上喜欢偷懒、浑水摸鱼、不出业绩的 3 类员工（业绩待提升）没有藏身之地。

"素质—业绩"的双维度评价，也让业绩突出但素质和偏低的 4 类员工（素质待提升）显现出来，降低了此类员工对文化氛围的负面影响。

对于素质业绩均待提升的 5 类员工，达成一致的淘汰共识不再是难题。

五年的时间，久吾高科已经将人才盘点作为固化的机制——每年 1 月、2 月例行性的工作，这是全员都会参与的工作。

同时，久吾高科将人才盘点结果充分应用起来：

- 明确每个人的任用与培养计划，并进行上下级反馈面谈，制订行动计划。
- 对于业绩待提升与素质待提升的人员明确改进计划，不达标则淘汰。
- 对于5类员工（素质业绩待提升）进行了相应的劝退和岗位调整，对多个岗位的职责进行了合并和简化。
- 针对优秀的人员进行晋升、调薪。

经过四年的盘点结果应用（久吾高科某部门四年人才结构变化见表7-5），久吾高科全员对人才标准有了更高的认可度，为员工的去留而出现争议的情况大大减少。此外，久吾高科也逐步加大外部招聘力度，打破原有的"生态平衡"。过去各部门排斥新人，现在会结合战略需求主动审视部门的人才结构，持续进行人才的引进。甚至有些部门负责人提出，必须招聘比50%现有员工更优秀的人才，这不仅激活了现有团队人才的活力，也逐步提升了部门内部人才的合格率。

表7-5 久吾高科某部门四年人才结构变化

九宫格定位	2022年	2021年	2020年	2019年
1	5%	4%	3%	2%
2+	16%	16%	14%	9%
2	51%	43%	46%	44%
3	19%	17%	15%	24%
4	9%	15%	13%	14%
5	0%	5%	9%	7%

公平晋升牵引员工成长

提升人效的一个非常关键的因素，就是提升人员的质量，为员工建立清晰的内部晋升机制，倒逼员工不断提升能力。在过去，想要晋升的员工需要去向上级争取，也就出现了"会哭的孩子有奶吃"，不愿意争取太多的员工则一直留在原岗位；同时，也有上级为了员工的留任随意承诺，而后再向上争取晋升机会与岗位。这种晋升标准不清晰、发展不明确的情况，也导致了"劣币驱逐良币"。

因此在 2017 年，久吾高科在内部建立了基于职位等级的任职资格体系（久吾高科销售序列任职资格（示例）见表 7-6），并将每年的 4 月定为人才晋升的窗口期，针对全员实施一整套完整的晋升体系。仅 2017 年就选拔 20 余人进入管理通道，有司龄不足 2 年的，也有司龄超过 5 年的。同时，晋升不是一劳永逸，对于 5 级以上的员工，久吾高科要求每 3 年对重认证一次，一旦不符合企业要求就会立即降级。确保拥有能力、满足岗位发展需要的人才能在相应的岗位上任职，真正实现能者上，庸者下。

经过四年的运行，久吾高科从被动接受人才晋升转变为自己主动去挖掘人才、发现人才，人才情况如图 7-5 所示。截至 2021 年，久吾高科的关键部门管理者有一半都出自 2017 年、2018 年两年的晋升选拔。董事长曾感慨道：如果没有这样的公平机制，公司绝不知道目前的管理团队已有这么多的后备力量可培养，这样的机制为员工创造出了一个公平、公正、客观的发展环境。

表 7-6 久吾高科销售序列任职资格（示例）

类别	职级名称	实现方式	3 销售助理	4 销售经理	5 高级销售经理	6 资深销售经理	7 销售总监
经验	学历	筛选	本科及以上；如经验和知识背景相符，可放宽要求	本科及以上；如经验和知识背景相符，可放宽要求	本科及以上；如经验和知识背景相符，可放宽要求	本科及以上；如经验和知识背景相符，可放宽要求	本科及以上；如经验和知识背景相符，可放宽要求
	工作经验	筛选	3 年及以上同类岗位工作经验，或在公司销售助理岗位不少于 2 年	4 年及以上同类岗位工作经验，或在公司销售经理岗位不少于 3 年	6 年及以上同类岗位工作经验，或在公司高级销售经理岗位不少于 3 年	8 年及以上同类岗位工作经验，或在公司资深销售经理岗位不少于 3 年
贡献	辅导他人	评审（举例认证）	/	/	/	辅导 2 名销售助理具备销售经理资格	辅导 2 名销售经理具备高级销售经理资格
	讲师分享	筛选	/	/	在上一职级，在岗期间每年分享不少于 2 次，授课对象为本部门人员，……	在上一职级，在岗期间每年分享不少于 2 次，授课对象为相关部门人员；……	在上一职级，在岗期间每年分享不少于 2 次，授课对象为相关部门人员；……
技能	商务知识	考试	熟悉公司销售与服务的基本流程和制度；……	熟知公司产品的功能、定位及应用场景；……	熟悉公司产品市场拓展、工程技术支持……	熟悉公司产品竞争策略及发展方向；……	熟悉国内外行业技术标准、产品竞争策略及其发展趋势；……
业绩	任务目标	评审	有效跟进……	挖掘项目线索……	年独立签单……	年独立签单……	年贡献签单……
	方式	评审	要求分值（0~7 分）	要求分值（0~7 分）	要求分值（0~7 分）	要求分值（0~7 分）	要求分值（0~7 分）
	核心素质	评审	3	3	4	4	4
	客户第一	评审	3	3	4	4	4
	诚信	：	：	：	：	：	：
素质	专业能力	方式	要求分值（0~7 分）	要求分值（0~7 分）	要求分值（0~7 分）	要求分值（0~7 分）	要求分值（0~7 分）
	市场敏锐	评审	2	3	4	4	5
	……	：	：	：	：	：	：

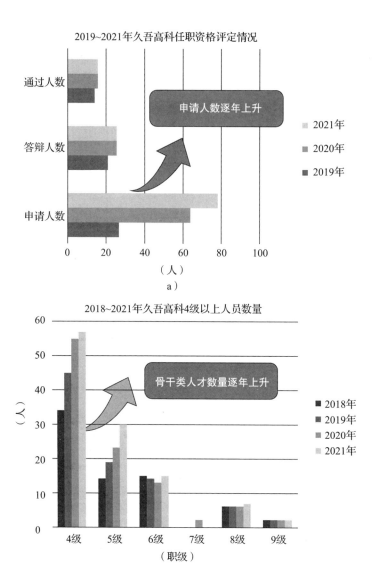

图 7-5 久吾高科任职资格评定情况及关键人才数量（示例）

激励倾斜激发优秀员工

在薪酬体系改革之前，通过外部薪酬水平调研、竞争对手企业对标调研，我们发现久吾高科的薪酬水平在市场上有一定的竞争力，但是无论是薪酬结构、付薪原则,还是薪酬管理机制都未充分实现向价值创造者倾斜,导致内部薪酬满意度低,关键人才不断被挖角。自2017年起,为了提升薪酬满意度与外部竞争力,久吾高科逐步在整体上做了薪酬体系的调整(见图7-6)。

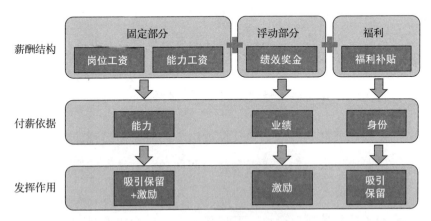

图7-6 基于3P的薪酬框架调整示意图

首先,在薪酬结构上,久吾高科优先简化薪酬类目,调整固定与浮动比例,将薪酬聚焦在人员的基本能力、业绩上,保留小部分与关怀文化相关度高的福利。

例如,将原先的工龄补贴、岗位补贴、其他补贴等整合并入固定薪酬,取消相应的补贴概念,后续固定薪酬只有在能力提升时才会改变。

然后根据员工对部门、企业整体的战略目标影响的不同,重新切分不同的固定薪酬与浮动薪酬比例。这次结构性调整,在保证全员全年薪酬收入不改变的情况下,提高了固定部分的收入水平占全年收入的比例。提高了员工的安全感,也体现了久吾高科对员工能力的认可。

其次,明确制定调薪规则与调薪依据。只要员工符合任职资格标准获得晋升或人才盘点结果为 2+ 类及以上则可以进行年度调薪。用规则管理避免了谈判的产生。

当然，久吾高科在打造双高企业文化的过程中，也不是所有举措都立即见效。历经四年多的坚定执行、迭代优化、不断打磨才逐步形成了内部一整套的管理语言与文化基础。在过程中虽然常常遇到执行上的障碍、对变革的不习惯，但是以高层管理者为首的文化塑造者及践行者，充分发挥了榜样的作用，身体力行地贯彻"管理者做什么员工才会做什么"的理念，坚定地将改革进行到底。例如：

- 在制定久吾高科未来中长期战略方向时，研讨现场各方意见僵持不下，党总要求全员一起回顾久吾高科的愿景、使命、价值观，共同梳理初心。
- 素质模型的研讨会议，高层管理者一定会协调时间全情参与，哪怕出差也要赶回来。
- 每年的晋升评选，间接、直接领导也都全程积极讨论，为每个员工的能力评定贡献智慧。
- 对管理者来说，关系再好的老员工、老上级，能力不达标就是不能晋升，他们甚至亲自面谈淘汰。
- ……

所有的变革手段，直到今天仍在不断推进、深化。在内部管理效率提升的同时，久吾高科 2019~2022 年人均销售额复合增长率超过 19.7%，人均净利润涨幅超过 16.2%。用久吾高科董事长的话说："近三年公司的业务规模扩张迅速，人员规模保持相对稳定，这和每年都有更优秀的人员进入、不适应的人员离开，人员活力、结构和质量都在不断提升有着密切关系，这也是久吾高科企业文化的核心体现。"

久吾高科的案例仅是对企业家在双高企业文化变革的启示之一。每个企业都有自己的特色与文化属性，德锐咨询建议企业在内部推进双高企业文化建设时，根据企业实际的现状、优劣势重新设计有关文化落地的具体工作内容。双高企业文化诊断后项目改进对接表如表 7-7 所示。

表 7-7 德锐咨询双高企业文化诊断后项目改进对接表

维度	子维度	存在的问题	变革思路	项目执行模块
高严格	坚持选择合适的人	不合适但有经验的人持续用	提升选人标准，构建组织内选人能力，强化"精准选人"	精准选人
		新人质量不高，公司人才密度低		
	对高目标全力以赴	组织内对长远发展目标有分歧	明晰愿景、使命、价值观，公司层面达成共识	企业文化内涵阐释与达成共识
		目标并未深入人心，个体目标、部门目标、组织目标之间未充分协同	将长远愿景分解为短期组织目标，将组织目标分解为部门、个人目标，层层承接、逐级支撑	企业文化落地与行动化 绩效体系设计
	对违背价值观行为零容忍	公司内价值观导向不清晰，组织氛围不好	重新明确价值观导向，细化评价标准与要求	人才盘点/价值观评价
			在整个体系运作中融入对价值观的持续评价	
	对客户卓越交付	产品更新迭代与公司发展要求不匹配	人员研发与产品快速跟进	人才盘点/人才梯队建设与培养
高关怀	高于市场水平的薪酬	薪酬竞争力一般，浮动薪酬侵蚀公司利润	梳理薪酬体系与薪酬总包，打造高效的高固定低浮动薪酬体系	薪酬优化
	走心的关爱	员工层级感明确，下属员工无发声渠道	强调平等、尊重的管理者行为及员工行为标准，从制度开始尊重员工	企业文化内涵阐释与达成共识 企业文化落地与行动化
	3 倍速培养	人员晋升无空间，晋升通道卡死，优秀人员流失	搭建公平、客观且与现实匹配的人员晋升通道、标准与规则，鼓励晋升，管理干部能上能下	职位等级搭建与任职资格
		培养光投入，无效果	明确 3 倍速培养模型及人员培养体系建设，用好每一次投入的资源	人才盘点、人才梯队建设与培养

- **关键发现**

  - 高层管理者是文化落地、践行的第一责任人。
  - 双高企业文化在不同企业"土壤"内,需要根据企业需要进行适配与变形。
  - 双高企业文化变革成功的关键在于管理团队对于企业未来的愿景达成共识、语言同频。
  - 文化变革不能一蹴而就,需要坚定执行、迭代优化、逐年打磨,此时企业家的恒定坚持、管理团队的坚守如一是文化落地的基础。